품위 있게
나이 드는 법

일상에 유쾌하고 소소한 행복을 선사하는 32가지 노년의 지혜

품위 있게
나이 드는 법

버나드 오티스 지음 | 박선령 옮김

품위 있게 나이 드는 법

2020년 2월 3일 처음 펴냄

지은이   버나드 오티스
옮긴이   박선령
펴낸이   신명철
편집   윤정현
영업   박철환
경영지원   이춘보
디자인   최희윤
펴낸곳   (주)우리교육
등록   제 313-2001-52호
주소   03993 서울특별시 마포구 월드컵북로 6길 46
전화   02-3142-6770
팩스   02-3142-6772
홈페이지   www.uriedu.co.kr

ISBN 978-89-8040-894-8 03100

이 도서의 국립중앙도서관 출판시도서목록(CIP)은
서지정보유통지원시스템 홈페이지(http://seoji.nl.go.kr)에서 이용하실 수 있습니다.
(CIP 제어번호:CIP2020001955)

머리말 같은 헌사

안나 패트리샤 오티스 1941년 4월 3일~2012년 10월 8일

2012년 10월 8일, 30년 넘게 내 파트너이자 아내로 지내면서 내가 이룬 모든 업적에 가장 큰 공을 세운 사람이 암과의 싸움에서 패했다. 그녀가 내게 얼마나 중요한 존재고 1983년, 처음 만난 순간부터 시작된 우리의 연애가 얼마나 찬란했는지 설명하려면 사전에 있는 단어를 다 긁어모아도 부족하다.

안나는 친절하고 상냥하며 배려와 이해심이 넘치고 최고의 성취를 이루려는 내 노력을 항상 지지해줬다. 그녀가 내게 미친 영향은 말로 다 표현할 수가 없다.

안나는 전 세계적으로 인정받는 노인 시각장애인 교사였고, 가족과 친구, 동료들에게 존경받았으며, 그녀를 아는 사람이라면 누구나 그녀의 행동에 감명받았다.

우리가 만난 후로 내가 누린 성공은 모두 안나가 내 인생에서 놀라운 역할을 해준 덕분이다.

안나는 나를 사랑했다. 이 상황을 손쉽게 이겨낼 방법은 없다! 하지만 그녀의 기억은 항상 내 마음속에 살아있을 것이다. 그리고….

잠깐, 잠깐만 기다려주시길. 난 이 감정에 계속 빠져 있고 싶으니까. 나는 이 헌사에 좀 더 몰입할 생각이다. 왜냐고? 그야 안나는 내가 사랑하는 아내였으니까. 그녀는 내가 이 책을 쓰게 된 유일한 이유다. 그리고 간결하게 함축된 몇 개의 문장으로는 그녀에 대해서도, 30년 가까이 이어진 우리의 사랑에 대해서도 다 얘기할 수가 없다.

나는 여든다섯 살이다. 이 나이쯤 되면 자기가 원할 때 규칙에 매달리기도 하고 때로는 위반하기도 할 권리가 생긴다. 게다가 이건 내 책이다. 그리고 나는 그녀가 정말 사라진 건 아니라는 것을 안다. 계속 읽어주기 바란다.

이건 내가 진심을 다해 안나에게 어울리는 방식으로 그녀를 추모할 수 있는 몇 안 되는 기회 중 하나다. 그리고 나는 이 기회를 최대한 이용할 것이다.

2013년 8월 25일 일요일, 가족과 친구들이 참석한 가운데 우리는 안나의 아름다운 비석을 공개했다. 이건 종교 행사도 아니고 비통한 행사도 아니었다. 안나의 삶과 그녀가 우리에게 의미하는 바를 기리기 위한 자리였다. 나는 그날 많이 울지 않았다. 우리가 곧 다시 얘기를 나눌 수 있으리라는 걸 본능적으로 깨닫고 안도했기 때문이다.

2013년 12월 30일이 바로 그날이 될 것이다.

묘지를 돌아다니면 그곳에 누워 있는 유골의 주인을 식별할 수 있는 수많은 비석이 놓여있다. 그런데 비석에 그 사람이 실제로 어떤 사람이었고 사회 발전에 어떻게 기여했는지 말해주는 메시지가 적혀있지 않으면 마음이 아팠다. 나는 신앙심이 꽤 깊은 사람이지만, 성직자가 장례식에서 죽은 사람을 칭송할 때마다 뭔가 부족하다는 생각이 든다. 대개 만나본 적도 없는 사람에 대해 얘기하는 것이니 부족할 수밖에. 물론 가족들이 관련 정보를 줬을 수도 있지만, 내가 보기에 방법은 딱 하나뿐인 듯하다.

그건 바로 여러분이 직접 모든 일을 처리하는 것이다. 내가 안나의 비석을 청동으로 제작해서 흰 꽃으로 장식해 달라고 장의사에게 부탁한 것처럼 말이다.

2013년 12월 30일, 검은색과 회색의 수많은 비석을 지나 안나가 묻힌 곳을 향해 걸어갈 때, 그녀의 장례식 날 참았던 눈물이 흐르기 시작했다. 태양이 밝게 빛나고 있었지만, 그중에서도 특히 내 발뒤꿈치를 따라오면서 깨무는 듯한 특별한 한 줄기 광선이 있었다. 꽤 긴 거리를 걸어 마침내 안나의 무덤에 도착하자, 그 빛줄기는 청동 비석에 부딪친 후 반사되어 나를 비추었다.

나는 그 광선이 사랑하는 안나라고 확신했다. 내 사랑….

그건 내가 85년 동안 살면서 경험한 가장 놀라운 일이었다. 나는 비석 앞에 서서 한 시간 넘게 흐느끼면서 안나에게 이 책에 대해 얘기했다.

다시 안나와 얘기를 나누게 된 나는, 그녀의 광선이 계속해서 빛나는 한 그녀를 자랑스럽게 해주겠다고 약속했다.

그 후로 나는 죽음을 두려워하지 않게 되었다. 전혀. 또 그녀가 괜찮고 그녀의 영혼이 내 안에 머물러 있다는 걸 알게 된 덕분에 더 이상 울지도 않게 되었다.

헌사는 이 정도로 해두겠다. 안나의 영혼은 나뿐만 아니라 우리 가족과 그녀를 알고 지낸 다른 수많은 이의 마음속에 영원히 머물겠지만, 하얀 꽃에 둘러싸인 안나의 장밋빛 비석에 새겨진 메시지는 그녀가 세상에 가져온 선량함과 행운을 영원히 기릴 것이다.

안나 패트리샤 오티스

전 세계적으로 존경받는 시각장애인 교사
그녀는 남편과 가족,
그리고 그녀를 알던 모든 이에게 사랑받았다.
1941~2012
나는 정말 운 좋은 남자였다.
사랑하는 안나, 당신을 영원히 사랑하오.

안나의 죽음과 관련된 경험에 조금이나마 긍정적인 부분이 있다면분명히 말해두지만, 사랑하는 이의 죽음을 합리화할 방법은 없다. 그녀가 숨을 거둘 당시 여든세 살이었던 나는 마침내 다른 사람들이 예전에 했던 말, 즉 비극은 좋은 사람들이 힘을 합치게 한다는 말을 이해할 수 있게 되었다.

† 차례

시작합니다

젊은 독자나 중장년층 독자나도 아주 오래 전에 이런 인구통계 집단에 속한 적이 있다.가 이 책을 읽지 않는다면, 아마 나는 시간 낭비만 한 걸 지도 모른다. 흠, 그러면 문제가 좀 심각한데.

문제의 핵심은 이거다. 지금은 별 볼 일 없는 외모에 시시껄렁 한 농담이나 하면서 이런저런 질문과 동정을 받는 처지지만, 나도 한때는 여러분처럼 젊었던 적이 있다는 것이다. 만사가 순조롭게 잘 풀린다면, 여러분도 언젠가 이 자리에 도착하게 될 것이다.

중요한 문제가 하나 더 있다. 안타깝게도 심각한 질병과 죽음 을 겪는 건 고령자에게만 국한된 일이 아니다.

내가 바라는 대로 이 일을 잘 해낸다면나는 지금 85세고, 은퇴 후에 집 에서 글을 쓰면서 여러모로 최선을 다하는 중이다., 여러분은 내가 '인생 여정' 이라고 부르는 노화 과정에 대해 유용한 통찰력을 얻을 수 있을 것이다. 이 통찰력을 이용하면 젊은 독자들은 적절한 미래 계획을 세울 수 있고, 좀 나이 든 독자들은 노화와 관련된 여러 가지 문제를 해결하는 데 도움을 얻을 것이다.

나이와 상관없이 내가 여러분에게 부탁하고 싶은 건 다음과 같은 것들이다.

고집 부리지 말고 새로운 아이디어에 마음을 열자.
실수에서 교훈을 얻자.
성공을 통해 얻은 지혜를 공유하자.
집단에 휩쓸리지 말고 자기 모습을 유지하면서
오직 나만이 가능한 방법으로 주변에 도움을 주자.
적절히 위험을 무릅쓰자.
자기 말만 하려고 하지 말고
남의 말을 더 많이 듣고, 설교하지 말자.
설교 같은 걸 했다가는
여러분이 가르침을 주려는 사람들과 멀어질 뿐이다.
자기 방식대로 일을 끝내자.

혹시 빠뜨린 게 있는가? 없다고?
자, 그럼 이 책을 재미있게 읽어주기 바란다. 내 얘기가 매우

유익하고 고무적이라는 걸 알게 될 것이다_{제발 그렇게 되기를.}

'인생 여정' 자체가 그렇듯이, 내 책에도 어떤 영화나 소설보다도 많은 우여곡절과 희로애락, 비극과 승리가 모두 담겨있다.

말처럼 쉬운 일은 아니었지만….

설교하지 말고 가르쳐라

짧은 이야기를 하나 들려주겠다. 예전에 나보다 젊은 어떤 여성에게 들은 이야기다. 당시 그녀의 나이는 81세 정도였다.

"그러니까, 버나드."

"버니라고 부르세요."

"네… 버나드. 87세, 아니, 88세 정도 된 한 노인이 커다란 차에 83세 여성을 태우고 혼잡한 고속도로를 달리고 있었어요. 두 사람 다 키가 매우 작았기 때문에 계기판 너머를 제대로 볼 수가 없었죠. 여기까지는 이해하셨죠?"

"네, 그럼요."

"좋아요. 차가 교차로에 접근했을 때, 운전자는 신호등의 빨간색 불을 무시하고 지나갔어요. 동승자는 운전하는 사람의 기분을 상하게 하고 싶지 않아서 혼잣말을 했죠. 그녀가 뭐라고 했는지 알아요?"

"모르겠는데요."

"흠, 알 텐데요. 그녀는 혼잣말로 중얼거렸어요. 어쨌든 운전자
는 약간 귀가 먹은 상태기도 했고요. '우리 방금 빨간불인데 그
냥 지나온 것 같아요. 내가 틀렸으면 좋겠지만요.' 내 얘기 잘 따
라오고 있나요?"

"네, 바싹 잘 따라가고 있습니다."

"그래요? 곧 끝날 테니까 좀 기다리세요. 끼어드는 사람만 없
으면 말이에요…"

"정말요?"

"네. 그리고 이 운전자와 승객은-버니, 내 말 좀 끊지 말아요-
다음 교차로에 다다랐어요. 운전자는 이번에도 빨간색 신호등을
무시하고 교차로를 지나갔죠. 그러자 동승자는 자기가 헛것을 본
게 틀림없다고 생각하고는 아무 말도 안 했어요. 대신 최대한 몸
을 곧추세우고 앉아서 주의 깊게 지켜봤죠. 운전자는 또 같은 행
동을 했어요."

"또요?"

"네, 또요! 버나드, 제발 가만히 좀 있어요. 그래서 이번에는
동승자가 강력하게 항의했죠. '지금까지 정지 신호를 세 번이나
무시하고 지나온 거 알아요?' 그랬더니 버나드, 운전자가 뭐라고

대꾸했을 것 같아요?"

"짐작도 안 가는데요."

"'지금 내가 운전을 하고 있다고?'라고 했대요."

그날의 일이 마치 어제 일처럼 떠오른다. 그녀는 너무 심하게 웃다가 켁켁거리는 걸 멈출 수가 없어서 황급히 병원으로 실려 가기도 했다.

그녀는 여전히 웃고, 여전히 내 주변에 있다. 그리고 그녀는 만날 때마다 이 농담을 반복해서 들려줬다. 마치 내게 한 번도 얘기한 적이 없는 것처럼 말이다! 하지만 그녀는 웃고 있고, 살아있고, 또 행복하다.

어딘가에 상관관계가 존재하는 게 분명하다.

이 주제에 대해 얘기하는 동안, 잠시 기억력과 관련된 문제를 살펴보는 게 좋을 듯하다. 나중에 자세히 얘기하겠지만, 일단 꼭 해 둬야 할 말은….

나이가 들수록 기억력이 약간씩 안 좋아진다.

놀랐는가? 나도 이럴 줄은 몰랐다.

에이브러햄 링컨은 이런 말을 했다. "오늘 책임을 피한다고 해서 내일 그 책임에서 완전히 벗어날 수는 없다." 그의 이 말은 노년에 관한 얘기가 아닐지도 모르지만, 그럴 가능성도 있다.

책임 직시와 미래에 대한 계획이 이 책의 초석이 될 것이다. 미래에는 자신의 책임을 기억하지 못할 수도 있으니, 지금 책임에 익숙해지는 편이 낫다.

기억하지 못할 거라고 단정한 게 아니라, 기억하지 못할 수도 있다고 말한 것에 주목하자. 나는 분명히 경고했다.

고맙게도 내 기억력은 아직까지는 멀쩡하다. 고맙다고 말한 이유는, 이 책을 쓰는 수많은 이유 중 가장 중요한 것이 바로 안나를 기리는 것이기 때문이다.

그녀는 말년에 병을 앓기 전까지는 기운이 넘쳤다.

그리고 지금, 나는 혼자가 되었다. 우리는 결혼한 지 꽤 오래됐기 때문에 혼자가 된다는 건 새로운 경험이었다. 안나가 죽던 날 나는 엄청난 충격을 받았다. 그녀의 장례식에서는 그녀가 살아온 삶을 기렸다. 그리고 나의 내면에 아직 삶의 음악이 흐르는 한 죽고 싶지 않다는 것을 깨달았다.

안나가 죽자 내 삶도 변했다. 여러분이 먼저 이런 사적인 부분들부터 알았으면 한다. 그래야 나라는 사람을 이해할 수 있고, 내가 처한 상황이 결코 특이하지 않다는 것도 알 수 있을 것이다.

그리고 거기서부터, 탄생에서 죽음까지 우리 인생의 모든 여정이 담긴 이 책의 핵심부로 다가가게 된다.

2010년 5월의 어느 목요일 저녁 6시 30분, 막 안나의 응급 맹장 수술을 마친 의사가 수술실에서 나왔다. 수술은 성공적이었지만, 그는 수술 중에 안나의 몸에서 희귀한 암을 발견했다고 알려주었다.

"버니… 유감입니다. 안나는 수명이 2년도 채 안 남았어요."

의사는 그렇게 말했다. 그게 다였다. 이 충격적인 소식을 받아들이고 의사에게 몇 가지 질문을 한 후, 나는 격한 감정에 사로잡힌 상태로 차를 몰고 집으로 향했다. 그리고 그 후로 몇날 며칠 동안 세 가지 의문이 계속 마음에 걸렸다.

① 안나가 가장 확실한 정보를 바탕으로 최고의 치료를 받을 수 있게 하려면 내가 무엇을 해야 하는가?

② 안나가 치료와 간호를 받는 동안 항상 곁에 있으려면, 내 생활을 어떻게 바꿔야 하나?

③ 우리에게 도움을 줄 평판 좋은 자택 간호 기관을 찾으려면 누구에게 연락해야 하는가?

나는 이런 상황에 전혀 대비되어있지 않았다.

나는 도움이 필요했고 빨리 배웠다. 또 이와 관련된 경험이 조금 있었기 때문에 운이 좋았다고도 할 수 있다. 하지만 모든 사람이 다 그렇지는 못하다. 운이 좋은 편이었음에도 내가 계획을 잘 세워뒀더라면 어땠을까 하는 생각이 든다.

이 세 가지 질문에 대한 답은 빠르게 얻을 수 있었다. 오랫동안 불치병에 걸린 이들을 상대해본 경험이 있고, 또 내가 가진 자료를 활용할 수 있었기 때문이다. 침착한 태도를 유지하면서 계획적으로 행동하기만 하면, 우리에게 필요한 걸 모두 얻을 수 있을 것이라고 확신했다.

바로 다음 날, 안나가 수술에서 회복하는 동안 내 소중한 친구이자 주치의인 조나단 매튜 박사를 만났는데, 그는 안나에게 필요한 의학적인 조치들을 자세히 설명해줬다. 그리고 오마르 샤예 박사와 아슈칸 라스카리 박사를 언급했는데, 유명한 종양학자인 이들은 곧바로 내 신뢰를 얻었고 그 후 2년 반 동안 내 선택이 옳았다는 걸 증명했다.

나는 활발한 업무 활동에서 서서히 벗어나기 시작했고, 그 시간을 아름답고 재능 있는 내 아내 곁에 있는 데 쏟았다.

사촌인 미셸 긴스버그와 마이클 긴스버그가 함께 일해본 자택 간호사를 소개해준 덕에 세 번째 의문에 대한 답도 얻었다.

최근에 우리 가족에게 세 차례나 안 좋은 일이 벌어지는 바람에 지출이 많아서 경제적으로 풍족하지는 않았지만, 그래도 안나의 치료비를 걱정하지는 않았다. 어쨌든 우리는 최고의 의료보험과 의약품 보험, 그리고 최고의 장기요양 보험에 가입되어있었으니 말이다아직 이런 보험에 가입하지 않았다면, 망설이지 말고 당장 가입해야 한다. 그리고 다행스럽게도 내 직업과 경력이 멀쩡하고, 첫 번째로 출간한 책이 잘 팔린 덕에 경제적인 부담을 덜 수 있었다.

나는 평생을 자원봉사 간병인으로 일했지만 -내가 하던 호스피탈리티 사업과 동시에 일종의 부업으로- 슬프게도 안나가 최상의 치료를 받게 하려면 그녀의 간병인들을 관리할 필요가 있다는 사실을 곧 알게 되었다. 안나가 아프기 전에는 밤에 집에 돌아가 밀려드는 슬픔을 떨쳐내고 잠들 수 있었다. 다른 사람들을 돌보고 정기적으로 호스피스에서 자원봉사를 하는 등 내가 맡은 일을 잘 해내고는 있었지만, 심장이 있는 사람이라면 그 일을 하면서 영향을 받을 수밖에 없다. 상실은 절대 가볍게 넘길 수 있는 문제가 아니다. 그리고 이젠 집에 있으면서도 편하게 휴식을 취할 수가 없었다.

사랑하는 사람을 돌본다는 건, 그 일 자체만으로도 내 모든 노력을 기울여야 한다. 그 일을 하면서 생기는 정신적, 육체적 부담은 믿을 수 없을 정도로 심할 수도 있다. 이때도 가능한 모든 결과에 대비해야 한다.

많은 이가 그러는 것처럼, 나도 이 힘든 시기를 보내는 동안 자신을 잘 돌보지 못했다. 3개월 사이에 체중이 7킬로그램이나 늘고, 밤에는 잠을 5시간밖에 못 잤으며, 감정이 잘 추슬러지지

않았다. 당시에는 간병인이 겪는 번아웃burnout, 극도의 피로 증상이
나 간병 스트레스의 심각성에 대해 잘 몰랐다.

내 경우에는 가족과 친구들이 모두 내 얼굴에 부담감이 엿보
인다고 말했다. 때로는 안나의 시련이 끝나기 전까지는 숨조차
제대로 쉴 수 없을 듯한 기분이 들었다. 보험회사와의 문제, 매일
의 긴 기다림, 전송 과정에서 길을 잃은 우편물과 팩스, 서류 등
으로 인해 내가 기울이는 최선의 노력도 빛이 바래져갔다.

시간이 흘렀다. 안나는 점점 쇠약해졌다. 그리고… 그녀는 죽
었다.

그게 끝이다. 안나의 인생 여정은 막을 내렸다. 지금도 난 그녀
가 나를 가장 필요로 할 때 사랑하는 아내 옆에 있어줄 수 있었
다는 사실에 만족한다. 한 가지 후회되는 건, 나를 위한 준비가
잘 되어있지 않다는 것이다. 다시 생각해봐도 난 운이 좋았다. 그
때부터 미래를 계획하기 시작했다. 그리고 내 가장 큰 바람은, 이
책을 다 읽을 때쯤 여러분도 그렇게 하는 것이다.

내 책을 집어 든 여러분을 환영한다. 여러분의 여정도 나처럼
건강과 행복, 그리고 무엇보다 사랑으로 가득하기를 바란다.

시간의 아버지가 늘 엄하기만 한 건 아니다. 자식들을 기다
려주는 일은 결코 없지만, 자신을 잘 이용하는 사람에게는
가벼운 영향만 미친다. 냉혹하게 사람들을 늙은이로 만들지
만, 마음과 영혼만은 젊고 활기차게 놔둔다.

그런 사람들에게 흰 머리는 그저 시간의 아버지가 그들 머
리에 손을 올리고 축복을 내려준 흔적일 뿐이며, 주름 하나
하나는 잘 보낸 인생의 조용한 달력에 새겨진 눈금이다.

_찰스 디킨스

내 이름은 버나드 오티스요

우리 서로에 대해 알아보도록 하자.

무릇 모든 좋은 관계는 첫 걸음에서 시작되는 법이다. 시작 지점 말이다.

자, 여러분이 나에 대해 가장 먼저 알아야 할 사실은 내가 디트로이트의 정통파 유대교 집안에서 태어났다는 것이다.

두 번째는이건 어쩌면 내 양육 방식의 결과물일지도 모른다., 85세 먹은 사람치고는 유머 감각이 특이하다는 말을 자주 듣는다는 것이다.

시험 삼아 이런 이야기를 한번 해보면 어떨까?

제이슨은 95세인 할아버지가 돌아가셨다는 소식을 듣자마자 할머니를 위로해 드리려고 90세 된 할머니를 만나러 갔다. 할머니 댁에 도착한 그는 어떻게 된 일인지 물었다.

할머니는 섹스를 하던 중에 할아버지가 죽었다고 설명했다.

깜짝 놀란 제이슨은 할머니에게 두 분이 그 연세에도 섹스를 했다는 걸 알고 충격을 받았다고 말하면서 그것이 "상당히 바람직하지 못한 상황"임을 넌지시 내비쳤다.

할머니는 노인들도 교회 종소리에 맞춰서 성관계를 하면 안전하다는 사실을 몇 년 전에 알게 됐다고 말했다.

한마디로 리듬이 중요하다는 것이다. '딩' 소리가 울릴 때 들어가고 '동' 소리가 울릴 때 나온다면 매우 편안하면서도 안전하다고.

할머니는 이렇게 덧붙였다. "그 멍청한 아이스크림 트럭만 오지 않았다면, 할아버지는 지금도 살아 계실 거다."

괜찮은가? 별로라고?

좋다. 계속 해보자.

우리 가족은 유대인이 많이 모여 사는 동네에 살았다. 주민의 75퍼센트는 유대인, 20퍼센트는 가톨릭 신자, 그리고 나머지 5퍼센트에 다양한 종교가 혼합되어있는 지역이다.

어릴 때 꿈은 건축가가 되는 것이었지만, 눈이 나쁜 탓에 이 야심은 열세 살 때 포기해야 했다. 나는 우리 지역에 있는 고등학교인 센트럴 하이 대신, 집에서 11킬로미터 정도 떨어진 곳에 있는 아주 유명한 기술학교인 카스 테크에 들어가기로 했다. 내가 카스 테크에 들어가는 걸 부모님은 매우 유감스럽게 여기셨지만 그래도 내 선택의 자유를 인정해주셨다. 교통업계가 파업할 때 외에는 늘 전차와 버스를 타고 학교에 다녔는데, 불행히도 파업이 매우 자주 일어났다.

그런 암울한 시기에는 걸어 다녀야 했다. 달리 선택의 여지가 없었다.

가끔 이렇게 불편한 일을 겪기도 했지만, 내가 혼자 내린 이 결정은 내 젊은 시절의 중요한 전환점이 되었다.

디트로이트 시내에 있는 7층짜리 건물인 카스 테크에는 건축가뿐만 아니라 예술가, 엔지니어, 음악가, 기술자, 개발자, 화학자 등 다양한 직업을 꿈꾸는 학생들이 다녔다.

인종, 신념, 종교, 민족, 경제적 수준, 가족의 지위 등이 저마다 다 달랐다. 이곳에서 나는 난생처음 미래에 대한 진정한 선택에 직면했다.

그리고 평생 모든 이를 동등하게 바라볼 수 있게 해준 다양한 부류의 사람들도 만났다.

모든 사람을 똑같이 대하라

지금부터 이런 '노년의 지혜'에 익숙해져야 한다. 여러분에게 들려주고 싶은 지혜가 백만 개는 되니까.

카스 테크에는 3000석 규모의 시민 회관식 대강당이 있었는데, 지역사회와 전 세계 지도자들이 이곳을 자주 방문했다. 학생 회장이던 나는 그런 인사들이 학교를 방문할 때마다 만나서 함께 식사하고, 학교를 소개하는 특권을 누렸다.

그렇게 내가 만나고 존경하게 된 이들 중에는 당시 미국자동차 항공기농기계합동노동조합을 설립한 월터 루서와 빅터 루서, 휴버트 험프리 상원 의원, 엘리너 루스벨트, 그리고 사회 각 계층을 대표하는 수많은 인물이 있는데, 그중에서도 특히 헬리콥터 설계와 개발에 관여한 핵심 인물인 이고리 시코르스키가 정말 흥미롭고 재미있었다.

그렇다, 나는 엘리너 루스벨트를 만난 적이 있다. 나는 그만큼 나이가 많다고 말하지 않았는가. 그러니 그렇게 놀란 척할 필요 없다. 하지만 잠깐! 이게 다가 아니다!

1946년에 자동차 산업 50주년 기념 행사를 준비할 때, 카스테크 교장이자 나중에 미시건 주립대학 학장이 된 빌 스터튼은 내게 디트로이트 시내에서 열릴 축하 퍼레이드의 핵심 요소들을 조정하는 일을 도와달라고 했다. 나는 야구계의 거장 코니 맥과 자동차 산업의 선구자인 헨리 포드와 함께 디트로이트 중심가인 우드워드 애비뉴에서 열리는 도보 경주를 조율하는 임무를 맡았는데, 당시에는 두 사람 다 나이가 꽤 많았다.

인생을 막 시작하는 10대 청소년에게 이 얼마나 흥미진진한 학습 경험인가. 이 모든 일은 대공황이 끝나고 제2차 세계대전의 영향으로 미국 경제가 변화하던 시기에 일어났다. 당시에는 깨닫지 못했지만, 우리가 현재 직면한 의료보험이나 생활비, 교육 시스템 등의 위기가 그때부터 뿌리 내리기 시작한 것이다.

그 문제들도 곧 다룰 예정이니 기다려주기 바란다.

아직 쉰 살이 안 된 사람들은 인생이 얼마나 빨리 지나가는지 잘 모른다. 예선은 이미 끝났다. 반세기라는 지점을 지나면 하루하루가 더 쏜살같이 흐른다. 내 말을 믿어도 좋다.

《레미제라블》과 《파리의 노트르담》을 쓴 작가 빅토르 위고의 말처럼, "마흔은 청춘의 노년이고, 쉰 살은 노년의 청춘이다."

위고도 그 사실을 알고 있었다. 그도 그 지점에 도달했으니까.

위고의 말에 한마디 덧붙여도 될지 모르겠다.

"그렇다면 쉰 살 이후의 모든 순간은? 시간과의 싸움이다."

이 글을 쓰는 지금, 내 나이는 여든다섯 살인데 어떻게든 이 책을 마무리해야 한다. 책을 홍보하기 위한 블로그 활동도 계속해야 한다. 컨설팅 사업도 꾸준히 유지해야 하고 무엇보다 계속 날아드는 청구서를 정산해야 한다. 바로 여러분처럼 말이다. 내가 더 이상 그렇게 할 수 없을 때까지.

여러분 나이가 몇 살이든 간에, 여러분과 나는 그렇게 많이 다르지 않다. 나도 누군가를 "젊은이"라고 부르면서왜 주변의 젊은 사람들을 이렇게 부르는 건지 정말 모르겠다. 하루하루를 보내지는 않는다.

그리고 내가 처한 현실의 나머지 부분은 이렇다. 85세의 나이에도 불구하고 나는 25세인 듯한 기분이다. 내 마음과 정신은 혈기왕성한 25세 미국인과 같은 수준이다. 하지만 몸은… 그런 건 잊어버리자.

죽음을 이해하면
삶의 여정을 행복하게 만들 수 있다

농담은 이만하면 됐다. 이제 진지하게 일을 시작할 시간이다. 여러분도 이때가 오리라는 걸 알고 있었을 것이다.

어떤 시점이 되면 나도 좀 진지해져야 하고, 심지어 조금 추한 모습을 보이기도 해야 한다. 노화는 그렇게 기분 좋은 것이 아니고, 미래 삶의 질은 지금 여러분이 내리는 결정에 달려있다.

그러니 아직 반세기의 반환점을 돌지 않은 독자 여러분은 자기도 모르는 새에 그 지점에 도착하리라는 걸 알고 있어야 한다. 왜냐고?

"시-간-은

빨-리

흐-르-니-까!"

아주 잘했다. 집중해서 읽은 모양이군.

그러니 이 지점에 도달하기 전에, 더 많은 걸 이루도록 노력하겠다고 약속해주기 바란다.

나는 이걸 '승리의 여정'이라고 부른다.

목을 가다듬고 긴장을 풀자. 어제는 지나갔다. 지금은 새로운 날을 위한 시간이다. 온몸에 피가 통하게 하라아직 그렇게 할 수 있을 때!

지금부터 본격적인 작업에 착수할 것이다.

> 누구에게든 원하는 걸 얻는 방법을 가르쳐줄 수 있다. 문제는 자기가 원하는 게 뭔지 말할 수 있는 사람이 없다는 것이다.
>
> _마크 트웨인

몇 달 전, 아름다운 아내 안나가 세상을 떠난 직후에 평소처럼 밤 10시에 잠자리에 들었다. 그런데… 정말 이상한 일이 일어났다.

나는 미시건주 디트로이트에 사는 다섯 살 난 어린아이였다. 그건 절대 꿈이 아니었다. 꿈이라고 하기에는 지나치게 생생했다. 그 풍경이며, 소리하며… 난 어린 시절로 돌아가 있었다. 지금 와서 돌이켜 보면 거의 항상 행복하고 충만했던 그 시절로 돌아간 것이다.

나는 아버지와 함께 있었는데, 아버지는 그때 막 크라이슬러 사에서 만든 1935년형 플리머스를 750달러에 구입한 참이었다. 아버지와 아들 단 둘이 유대를 쌓는 날이었다. 과거의 몽상 속을 헤매고 다닐 때 어떻게 그 장면을 빼놓을 수 있겠는가. 아버지는 입이 귀에 걸릴 정도로 활짝 웃으면서 기뻐하셨다 내 책이니까 내 맘대로 진부한 표현을 쓰게 내버려 두라. 난 거의 86세가 다 된 나이인데, 이런 늙은이에게 뭘 바라는가?. 아버지는 나중에 아이스크림을 사줬고 세상 모든 게 완벽했다.

그날 밤, 아버지가 운전하는 차를 타고 집에 돌아가면서 정말 신나는 하루를 보냈다고 생각했다. 그리고 이렇게 완벽한 하루를 보내고 돌아오는 우리를 맞이하려고 가족들 모두 현관에서 기다리고 있을 거라고 확신했다. 하지만 73세이던 우리 할머니가 갑자기 편찮으신 바람에, 고모와 삼촌들이 모두 우리 집에 모여서 의사가 오기를 기다리고 있었다 그 시절에는 의사들이 집으로 왕진을 왔다.

당시만 해도 73세면 정말 많은 나이였는데, 우리 동네에는 그렇게 나이 많은 노인이 무척이나 많았다. 그 노인들 대부분은 영어를 할 줄 모르는 이민자였으며, 그 당시에는 다들 노인병이라고 부르던 기억력 문제를 겪고 있었다.

나는 노인들이 왜 내 말을 알아듣지 못하거나 엉뚱한 대답을 하는지 이해할 수가 없었다. 또 그들 중에는 제대로 걷지 못하는 이도 많았다.

노인들을 위한 요양원이 매우 드물었기 때문에 이렇게 나이가 많은 이도 대부분 가족과 함께 살면서 가족의 보살핌을 받았는데, 주로 바깥세상과 멀리 떨어져있는 침실에서만 지내곤 했다. 그리고 이웃에 사는 이 노인들은, 어느날 갑자기 사라지는 경우가 많은 듯했다.

"엄마?"

"왜, 버나드?"

"레프코위츠 할머니에게 무슨 일이 생긴 거예요?"

"오, 버나드….'

"왜요…?"

"그분은 돌아가셨단다."

"돌아가셨다고요? '돌아가셨다'는 게 뭐예요?"

"지금은 그런 얘기를 하기가 좀 힘들구나. 네가 조금 더 크면 하자….'

"그럼 다른 거 물어봐도 돼요?"

"뭔데?"

"버네스쿠 할아버지는 어떻게 된 거예요? 카메라 가게 주인 말이에요…. 벌써 2주 가까이 못 만났어요."

"아, 그분은 2주 전에 돌아가셨단다."

"무슨 말인지 모르겠어요."

"나이가 들면 알게 될 거야. 지금은 그런 일은 걱정 안 해도 돼."

"그럼 그 할머니는….'

"버나드!"

그 대화 후에, 내가 아는 모든 사람에게 "돌아가신" 게 뭐냐고 물어봤다. 그리고 마침내 동전 몇 푼이 든 깡통을 들고 길모퉁이에 앉아 있던 친절한 노인을 통해, 내가 찾던 단어가 죽음이라는 것을 알게 되었다.

즉석에서 얻은 이 교훈을 안고 엄마에게 가자, 엄마는 "버나드, 잘했다. 호기심 많은 네 성격이 앞으로 도움이 될 거야."라고 하셨다.

그게 다였다.

공정을 기하기 위해 말해두자면, 그 시대의 부모들은 대부분 그 주제에 대해서 침묵했다.

하지만 나로서는 이해할 수가 없다. 그들은 우리를 무엇으로부터 보호하려던 것일까? 신은 젊은이들이 그렇게 어린 나이부터 죽음이라는 말을 듣는 걸 금지하는가 보다. 그렇다면 "지금은 그런 일은 걱정 안 해도 돼."라는 말은 어떤가? 이건 참으로 아쉬운 일이다.

우리는 아이들이 아주 어릴 때부터 죽음과 그것이 우리 삶에서 하는 중요한 역할에 대해 알려줄 필요가 있다. 죽음은 실재하는 것이므로 얼마든지 말해도 괜찮은 단어이고, 죽음이 우리 삶의 여정에 어떤 영향을 미치는지 이해하면 그 여정이 훨씬 더 행복해질 수 있다. 삶을 여행하는 동안 매일같이 행복한 경험을 만들어가는 데 집중하게 될 것이기 때문이다.

그나저나… 나는 현명한 아버지에게도 내가 이미 답을 찾은 그 질문을 해보았다. 아마도 어머니가 아버지에게 무슨 말을 했을 거라고 생각했지만, 그래도 아버지의 대답을 꼭 듣고 싶었다.

"아빠, '죽었다'는 게 무슨 말이에요?"

아버지는 눈썹을 찡그리면서 어떻게 대답해야 하나 한참 고민하다가, 마침내 "신문 만화란을 읽어 보렴."이라고 말했다.

"하지만~."

"내 말대로 해봐. 삶에 대해 더 많은 것을 알게 될 거다. 아니면… 어쨌든 재미라도 있잖니."

우리 아버지는 신문 연재만화를 좋아하셨다. 유머 감각이 있는 분이었으니까. 만약 아버지가 지금까지 살아 계신다면, 여전히 인생에서 가장 중요한 문제에 대한 답을 신문 연재만화에서 찾으라고 하실 것이다.

열네 살 때 난생처음으로 장례식에 참석한 뒤 아버지에게 다시 물어봤다. 아버지는 나를 의자에 앉히고 〈디트로이트 뉴스〉의 부고란을 펼쳤다. 그리고 이렇게 말했다. "여기 실린 이름들을 하나씩 살펴보면서, 신문이 그들의 죽음에 대해 어떻게 얘기하는지 보렴."

그리고 부고 기사를 하나하나 가리키면서, "이 사람은 폐렴으로 사망했구나." "이 사람의 사인은 암이고." "이 사람은 심장마비를 일으켰대."라고 알려줬다. 아버지는 이런 죽음은 모두 자연적으로 맞은 결과라고 하셨다. 하지만 부고 기사 중에 과로로 사망했다는 사람은 한 명도 없었다.

우리는 그들이 죽음을 향해 나아가는 과정에서 가족이나 친구가 어떤 도움을 줬는지가 매우 궁금했다.

아버지는 이렇게 말씀하셨다. "얘야, 우리가 살면서 하는 가장 중요한 역할은 다른 사람들이 행복한 길을 만들도록 돕는 것이라는 사실을 늘 기억해야 한다." 그리고 이런 말을 덧붙였다. "하지만 네 의도가 항상 진실하고 개인적인 이득을 얻기 위한 것이 아니라는 걸 명확히 밝혀야 해. 왜냐하면 네 의도가 아무리 순수하고 이타적일지라도, 네가 돕고자 하는 사람이 여러 가지 이유 때문에 네가 자기 잇속만 차리려 한다고 생각할 수도 있기 때문이야."

나는 지금도 아버지가 해준 이 심오한 말씀을 잘 기억하고 있다.

이 주제와 관련해, 여덟 살 된 어떤 여자아이는 이런 진심 어린 말을 했다. "살아있을 때는 엄마가 우리를 돌봐주는 것처럼, 죽으면 하느님이 우리를 돌봐주실 거예요. 다만 하느님은 엄마처럼 매일 고함을 지르지는 않을 테죠."

이 얘기를 여러분에게 들려주고 싶었다.

그럼 다음 얘기로 넘어가보자. 아니, 사실은 아까 말한 내 꿈으로 돌아가야 한다.

당시에는 대공황이 한창이었고, 우리 가족과 친구들은 대부분 매우 가난했다. 하지만 머물 곳과 먹을거리를 함께 나누면서도 우린 우리만의 즐거움을 찾아냈다.

흥미로운 이분법을 하나 살펴보자.

오늘날 우리는 폭력적인 영화와 비디오게임이 난무하는 세계에 살고 있다. 갈수록 우리 사회는 내가 어릴 때 겪은 경제적 문제와 점점 커지는 종교적 갈등 때문에 얼마나 많은 폭력과 살인이 벌어졌는지 잊어가는 듯하다.

우리 아버지는 운 좋게도 식품업계에 상당히 괜찮은 일자리를 갖고 계셨지만, 당시 나라 전체의 경제적 위기가 극심하고 일부 노동 단체가 살인과 협박을 이용해 근로자와 기업체를 가입시키려고 하는 바람에 식품업계도 어려움을 겪고 있었다. 매일 저녁 6시만 되면 아버지가 직장에서 안전하게 귀가하기를 바라며 창가에 서서 유리창에 코를 박고 밖을 내다보던 일이 지금도 기억난다.

앞서 이 시절이 내게 가장 행복하고 충만했던 시절이라고 말했지만, 한편으로는 매우 두려움에 떨던 때이기도 하다.

아버지가 그런 좋은 직장에 다닌 덕에, 매주 금요일 밤이 되면 가난한 친척과 친구들이 우리 집을 가득 메우곤 했다. 나는 아버지가 일해서 벌어온 돈과 음식을 남에게 나눠주는 모습을 매우 관심 있게 지켜봤다. 아버지는 이들이 돈을 갚으려고 해도 한사코 받지 않으셨다. 그 이유를 묻자, 앞에서도 얘기한 내가 결코 잊지 못할 말을 들려주셨다.

"다른 사람들이 행복한 길을 만들어가도록 도와야 한단다."

갑자기 이 세상이 썩 괜찮은 곳이라는 기분이 들었다. 우리 부모님의 너그러운 행동을 보고 그분들이 얼마나 특별한 존재인지 깨닫자, 세상 모든 게 "옳고" "바르게" 느껴진 것이다.

그리고 마침내 나도 이해했다.

부모님은 내가 훌륭한 가치관을 가진 행복한 가정에서 아무런 걱정 없이 자랐다고 보장할 수 있을 만큼 나를 보호해주지는 않았다. 하지만 나도 나이가 들면서 이런 식으로 다른 사람들에게 길을 가르쳐줄 수 있게 되었다.

부모님이 한 말씀에 전부 동의하지는 않았지만, 내가 얼마나 운 좋은 아이였는지는 알 수 있다. 그리고 그런 깨달음을 얻은 순간, 갑자기 잠에서 깼다.

하필이면 이 순간에! 나는 부모님 집의 따스한 온기에서 벗어나고 싶지 않았다. 눈에 눈물이 고였다. 젊은 나이에 세상을 떠난 부모님의 기억이 잠에서 깬 내 머릿속으로 스며들었다. 깜짝 놀라 침대에 일어나 앉은 순간, 대부분의 친구들처럼 나도 정말 나이 많은 늙은이가 되었다는 걸 깨달았다. 내가 어릴 때 주변에 있던 노인들과 다르지 않은 모습이다.

그래서 나는 울기 시작했다….

건강하자.
우리가 직업에서 은퇴했지,
삶에서 은퇴한 것은
아니지 않은가

어린 시절이 끝났을 때는 이를 한탄할 이유가 전혀 없었다.

모지스 할머니는 일흔여섯 살에 그림을 그리기 시작했다. 로널드 레이건은 예순한 살이 되어서야 캘리포니아주 주지사로 선출되었다. 마하트마 간디는 노인의 몸으로 독립한 인도를 이끄는 지도자가 되었다.

찰리 채플린이나 클린트 이스트우드 등은 70대 이후에도 계속 영화감독으로 일했다. 세계적인 베스트셀러가 된 회고록《안젤라의 재》를 쓴 작가 프랭크 매코트는 60대에 글을 쓰기 시작했다.

레오나르도 다 빈치는 60대에도 스케치를 많이 했다. 레프 니콜라예비치 톨스토이는 70대까지 소설을 썼다.《시계태엽 오렌지》를 쓴 앤서니 버지스는 40대에 접어들어서야 비로소 글을 쓰기 시작했다. 미켈란젤로는 80대까지 계속 조각을 했다.

마비스 린그렌은 60대에 달리기를 시작했고, 그 후로 오랫동안 세계 각지를 돌아다니면서 시합에 참가했다. 벤 레빈센은 103세의 나이에 시니어 올림픽에 참가해 투포환 세계 기록을 세웠다.

버나드 허츠버그는 80세가 넘은 뒤에야 자기 조상이 쓰던 언어인 독일어 학위를 취득했다. 그 전까지는 독일어를 해본 적도 없었다.

이런 사례는 무수히 많다. 이렇게 큰 성공을 거둔 이들은 은퇴가 성미에 맞지 않는다. 그들을 위해 근사한 적포도주로 건배하고 싶다. 다들 알다시피, 적포도주는 혈압을 낮추는 데 좋다.

가끔 젊은 시절의 꿈을 꾸다가 잠을 깨면, 젊음을 되찾았다가 다시 늙어버린 기분이라 안타까운 마음이 들곤 한다. 하지만 그런 기분도 이내 사라져버린다.

여러분도 이렇게 자신의 처지를 한탄해본 적이 있는가? 하지만 그 기분도 금세 잊어버렸는가? 물론 그랬을 것이다. 젊은 시절이 지나간 것처럼. 여러분의 성인기가 지나가는 것처럼. 그러다 어느 날인가…

이번 장은 길이가 상당히 짧다. 우리네 인생처럼. 요점만 간단히.

시간은 쏜살같이 흐른다.
그러니 모든 순간을 소중히 여기자

그러니 나 같은 사람들은 계속 이 말을 반복하게 된다. 주로 50세 미만인 독자들에게….

시-간-은

빨-리

흐-른-다.

나이가 들면 아무것도 기억하지 못한다고들 하지만, 나는 여러분이 기억할 때까지 이 말을 되풀이할 생각이다.

시-간-은

빨-리

흐-른-다.

이런 분위기에서, 독자 여러분에게 우정의 손길을 내미는 걸 허락해주기 바란다.

왜냐하면 뭔가를 알게 되기 전까지는 자기가 그것을 모른다는 사실도 모르기 때문이다이 문장을 빠른 속도로 세 번 말해보라. 여러분의 인생은 아직 한창 때다! 하지만 그 시기는 나중에도 계속 이어질 것이다.

그리고 나는 여러분을 그곳까지 안전하게 인도해줄 지혜를 얻었다. 이렇게 고약한 노인네가 되어서 얻은 값진 소득이라고나 할까.

무슨 말인지 알겠는가?

간결하면서도 함축적으로 표현하자면, 사람은 태어난 그 순간부터 죽음을 향해 나아가기 시작한다.

이 책에는 우스갯소리가 많이 나오지만 잠시 현실을 직시해보자. 인생은 도전으로 가득 차 있다. 그 도전에 맞서는 게 힘들 수도 있고, 그 과정에서 실패할 수도 있다. 그러니 강해져야 한다. 하지만 강해지는 것만큼 중요한 또 한 가지는, 똑똑해져야 한다는 것이다.

NBC 나이틀리 뉴스의 의학 담당 에디터 낸시 스나이더만 박사는 자신의 노모를 돌본 경험에 대해 얘기했다. 그녀는 오랫동안 방송에 출연해 각종 의료 문제를 다뤘지만, 어머니의 노화와 관련된 외적인 문제들에 대처할 준비가 전혀 되어있지 않았다.

"간병인들은 보통 일주일에 평균 20시간씩 환자들을 돌봅니다." 낸시는 이렇게 말했다. "하지만 그보다 훨씬 긴 시간 동안 간병하는 듯한 기분을 느끼는 사람이 많죠. 그리고 그중 절반 정도는 나처럼 하루 종일 일하면서 동시에 간병에 대한 책임도 져야 합니다."

보험 회사나 정부와 계약한 의료 서비스 제공업체들은 해마다 우리가 적용받을 수 있는 보험 범위를 자세히 설명해주는 커다란 책자를 보내는데, 거기에 적혀있는 규칙이나 규정을 제대로 해석하려면 유능한 전문 변호사가 필요할 정도다. 그러니까 한마디로 말해 우리로서는 해석이 불가능하다는 얘기다.

또한, 병원과 치료에 필요한 의약품 공급자들 사이의 의사소통이 원활하지 않은 탓에 치료가 지연되는 걸 피하려고 엄청난 액수의 본인 부담금을 내야 하는 경우도 많다.

사랑하는 이에게 임박한 죽음에 맞서는 것만으로도 힘겨운데, 그걸로는 충분치 않다는 듯이, 이런 일들까지 계속 이어진다.

최근에 89세의 은퇴한 전문가와 인터뷰를 하면서, 지금까지 살면서 저지른 가장 큰 실수가 뭐냐고 물어봤다.

그는 개인적인 관계를 발전시키는 데 더 많은 시간과 공을 들이지 않은 것을 깊이 후회한다고 말했다. 그랬다면 사랑스러운 아내와 가족이 있는데도 느끼는 지금과 같은 외로움을 피할 수 있었을 것이라고.

만나서 함께 시간을 보내거나, 인생 경험을 공유하거나, 서로의 비밀을 털어놓을 가까운 친구가 없는 고령자들의 모습을 보는 건 정말 슬픈 일이다. 그럴 때마다 늙은 밤나무 얘기가 떠오른다.

여든 살의 노인이 센트럴 파크 벤치에 앉아 울고 있다. 일을 마치고 집에 돌아가던 젊은 사업가가 그에게 다가가 무슨 일 때문에 울고 있느냐고 물었다.

노인이 대답했다. "정말 끔찍한 일이 벌어졌어요. 내 첫 번째 아내는 1년 전 오늘 세상을 떠났는데, 그녀의 뒤치다꺼리를 하느라 정말 힘들었죠. 지금은 나를 아주 잘 보살펴주는 멋진 금발에 파란 눈의 여자와 재혼했답니다. 그녀는 당신만큼이나 젊지요. 아내는 맛있는 요리를 해주고 같이 외출해서 외식을 하거나 극장에 가거나 온갖 좋은 곳에 나를 데려가 주기도 해요. 집도 항상 깨끗하게 치워놓고 근사한 육체관계도 즐기죠."

사업가는 깜짝 놀라서 물었다. "아니, 그런데 왜 우시는 거예요?" 그러자 노인이 말했다. "내가 어디 사는지 기억이 안 나서요."

다시 말해, 할 수 있을 때 사랑하는 이들을 사랑하고 인생을 즐기라는 얘기다. 인생은 여러분이 생각하는 것보다 훨씬 더 빨리 지나간다.

〈뉴욕 타임스〉의 한 기사에 따르면, 전체 미국인 가운데 약 40퍼센트가 심각한 건강 문제를 가진 사람을 돌보고 있다고 한다. 그리고 남을 간병하는 이 사람들도 "건강 상태가 별로 좋지 못하며, 이들 자신의 금전적인 미래가 달라질 가능성이 있다"고 기사는 전한다.

실제로 고령의 가족을 돌봐야 해서 더 이상 시간제 아르바이트나 비정규직 일자리에서도 일할 수 없는 청년층이나 중장년층 수가 늘어나는 것에 대한 우려가 커지고 있다.

그렇다면 어떻게 해야 할까?

2013년 9월 27일 자 〈더 위크〉에 실린 놀라운 보도 내용을 살펴보자.

"2250명의 미국인들이 참여한 설문조사에서, 영원히 건강하게 살 수 있다면 몇 살로 살고 싶은지 고르게 했다. 사람들이 일반적으로 가장 선호하는 나이는 50세다. 사실 그 나이가 되면 몸과 마음의 노화가 빨라지기 시작하고 인생의 마지막 단계를 계획하는 일에 힘을 쏟아야 하지만, 안타깝게도 보통 사람들은 다르게 생각한다."

우리는 모두 길고 생산적인 삶을 기대하지만, 자연은 사고나 질병, 선천적 결함, 범죄, 전쟁, 테러 등을 통해 그 여행을 방해하거나 단축시킨다. 하지만 늘 그렇게 나쁜 일만 있는 건 아니고 좋은 일도 생긴다. 또 삶과 죽음을 총체적으로 경험하는 과정에서 그런 기쁨을 찾아내겠다는 생각이 커진다.

내 말을 못 믿겠는가? 계속 읽어보자.

인생은 여행이다.
여정에 필요한 모든 단계를
미리 준비한다면
성공적으로 마무리할 수 있다

나는 미시건 대학교 신입생 시절에 윌리엄 셰익스피어의 작품에 매료되었다. 셰익스피어는 가장 유명한 희곡 중 하나인 '뜻대로 하세요'에 '인생의 일곱 가지 단계'를 쭉 나열했다.

이 세상은 하나의 연극 무대고
모든 남녀는 배우에 불과하다.
다들 무대에 등장했다 퇴장했다 하면서
한 사람이 여러 가지 역할을 하는데,
인생은 나이에 따라 총 7막으로 구성된다. 제1막은 아기다.
유모의 품에 안겨 칭얼거리면서 젖을 토한다.
그러다가 책가방을 메고 투덜거리는 학생으로 자라
아침이면 말끔한 얼굴을 빛내면서 달팽이처럼 느릿느릿

마지못해 하며 학교에 간다. 다음은 사랑에 빠진 역,

용광로 연기처럼 무겁게 한숨을 내쉬면서

애인의 눈썹을 찬미하는 슬픈 연가를 짓는다.

그다음은 군인, 괴상한 맹세를 남발하면서 표범 같은 수염을

기르고,

남의 명예를 시기하거나 갑작스럽게 다투기 일쑤고,

대포의 포문 앞에서도 물거품 같은 명성을 추구한다.

다음은 법관, 호의호식하여 잔뜩 살찐 배를 내밀고

매서운 눈초리로 말쑥하게 다듬은 수염을 자랑하면서

금언이나 진부한 사례를 들먹이는 역할을 한다.

제6막은 깡마른 몸에 덧신을 신은 노인 역할인데

코에는 안경을 걸치고 허리에는 지갑을 차고 있다.

젊은 시절에 사서 잘 간수해둔 옷은

그의 쪼그라든 정강이에 너무 헐렁하고,

우렁차고 남자답던 목소리는 어린애처럼 높고 새된 목소리로

바뀌어

말할 때마다 바람 빠지는 소리가 난다.

이 기묘하고 다사다난한 연극의 마지막인 7막은

제2의 유아기인데, 이때는 모든 것을 잊어버리고

이도 빠지고, 눈도 어두워지고, 입맛도 사라지는 등 아무것도

남은 게 없는 상태가 된다.

이 현명한 말은 셰익스피어가 이 작품을 쓴 시대에 그랬던 것처럼 오늘날에도 진실이다. 그리고 우리는 인생 계획을 세울 때 이 충고에 주의를 기울여야 한다.

이어지는 장에서는 이 단계들을 하나씩 살펴보면서 우리가 삶의 각 단계마다 맞닥뜨리게 될 어려움에 대한 통찰력을 얻고자 한다.

이때는 다음과 같은 사항들을 명심해야 한다.

① 일찍부터 여행 계획을 세우기 시작하고, 노화 과정이 진행되는 데 따라서 꾸준히 조정한다.

② 그 과정에서 사랑하는 이들에게 지우게 될 부담을 늘 고려해야 한다. 여기에는 자신의 독립성을 일부 혹은 전부 포기하겠다는 결정도 포함된다.

③ 생명이 위태로운 병을 앓고 있건 아니면 그냥 나이를 먹고 있건 현실을 부정해서는 안 된다. 긍정적인 태도를 유지하고 자신의 문제를 가족이나 친구에게 터놓고 이야기하자.

2013년, 〈로스앤젤레스 타임스〉에 실린 한 기사에 자신들의 종교적 신념에 따라 다음과 같이 행동한 가족의 이야기가 소개

되었다. 그들은 가족 중 한 사람이 불치병에 걸렸다는 사실을 알게 되자, 환자를 돌보는 의료인과 환자와 관련된 모든 사람에게 제발 환자에게 진실을 말하지 말아달라고 부탁했다. 그리고 실제로 환자가 왜 치료를 받아도 효과가 없는 거냐고 묻자, 그들은 효과가 나타나고 있으며 곧 나을 것이라고 말했다.

죽어가는 사람에게 자신의 미래를 선택할 기회나 생의 마지막까지 자기 삶의 수준을 유지할 권리를 주지 않는 것은 얼마나 슬픈 일인가. 더욱 슬픈 것은 죽어가는 사람이 적절히 작별 인사할 권리를 계속 가로막는다는 것이다.

이와 관련해 웃기면서도 슬픈 실화가 하나 있다.

결혼 65주년 기념일을 맞은 80대 후반의 부부 마사와 데이비드부부의 사생활 보호를 위해 가명을 썼다.가 지역 라디오 방송국에서 인터뷰를 했다. 기자가 그들에게 물었다. "만약 결혼생활을 처음부터 다시 시작해야 한다면, 그래도 지금의 남편 혹은 아내와 결혼하시겠습니까?"

이들은 둘 다 "그럼요, 당연하죠."라고 대답했다.

"그리고 인생을 처음부터 다시 시작할 수 있다면, 그때도 지금과 똑같은 생활 방식으로 사시겠습니까?" 노부부는 이번에도 긍정적으로 답했다.

"자녀는요? 인생을 다시 시작할 경우, 그때도 자녀를 낳으실 건가요?" 그러자 마사는 주저 없이 외쳤다. "그럼요, 하지만 지금의 자식들은 싫어요."

살아가자! 계획을 세우자! 멋지게 나이 들자! 잘 살자!

몸이 망가질 때까지. 부디 여러분은 몸이 망가지기 전까지 시간이 아주 많이 남았길 바란다.

진심으로 하는 말이다.

이제 이걸 하나씩 자세히 살펴보자.

정말로 설명이 필요한지는 잘 모르겠지만 말이다.

살아가자!

내 친한 친구의 아버지는 70세라는 비교적 젊은 나이에 돌아가셨다. 그들 부자는 세상 어떤 부자보다 가까운 사이였다. 내 친구에게는 형제가 두 명 있고, 그의 어머니는 다행스럽게도 아직 건강하시다.

친구의 아버지는 항상 "인생은 너무 빨리 지나간다. 그 세월이 다 어디로 간 걸까?"라고 말씀하곤 하셨다. 꼭 나처럼 말이다.

어느 날 문득 자기가 인생의 마지막 단계를 향해 나아가고 있다는 사실을 깨닫는 때가 올 것이다통계적으로, 대부분의 사람이 쉰 살 즈음에 이런 깨달음을 얻는다고 한다.

그리고 일반적으로 여기서부터 지금까지의 삶을 후회하면서 서둘러 버킷 리스트를 만드는 진짜 경주가 펼쳐진다.

그렇다면 이렇듯 갑작스럽게 밀려오는 "끔찍한 후회"와 맞서 싸우려면 어떻게 해야 할까?

살아야 한다!

풍요롭고 충만한 삶, 최대한 행복하고 건강한 삶을 살아야 한다. 때로는 장애물이 나타나기도 하고 사라지기도 할 것이다. 이에 맞서 자신의 삶을 최대한 가치 있는 것으로 만들자.

하지만 이 작업을 진행하려면 다음과 같은 일도 해야 한다.

① 가족이 멀리 떨어진 곳에 사는 경우에는 친구나 소속된 종교 단체, 기관 등을 계획에 포함시켜야 한다. 무슨 얘기인지 알 것이다.

② 여러분에게 무슨 일이 생기면 누구에게 연락해야 하는지 알아야 하므로, 간병인이나 의료 전문가를 이 계획의 일원으로 반드시 포함시킨다.

③ 이 주제에 관한 기사를 최대한 많이 읽고 관련된 정보를 꾸준히 파악한다.

계획을 세우자!

건강은 행복한 삶을 위한 열쇠인 만큼 자기가 심하게 아프거나 장수에 영향을 미치는 불행한 사건이 일어났을 때 어떻게 할 것인지 명확하게 정해놓은 의료 플랜을 최대한 젊을 때부터 준비해둬야 한다.

살다 보면 이런저런 일이 생길 수 있다. 여러분의 계획에는 다음과 같은 내용이 포함되어있어야 한다.

사전연명의료 의향서LAHCD[*]

여러분이 직접 의사를 밝힐 수 없는 경우 누가 여러분을 대신해서 결정을 내릴지 지정하는 서류인데, 이 서류는 다음과 같은 조건을 갖춰야 한다.

① 삶을 마감하는 결정을 내릴 때 여러분이 받아들일 수 있는 최소한의 삶의 질과 관련된 내용이 포함되어있어야 한다.

② 여러분 대신 결정할 사람들을 내림차순으로 명확하게 정한다. 그 사람은 여러분과 가까운 곳에 살아야 한다는 사실을 명심하자. 중병에 걸렸을 때 누가 어떤 일을 맡을 것인지, 여러분과 가족 구성원들이 모두 미리 의논하고 합의할

---

[*]미국, 대만, 오스트리아 등 여러나라에 법제화되어있다. 우리나라는 법제화되어있지는 않고, 말기 암환자에게만 이를 적용하고 있다.

필요가 있다. 이런 과정을 지속적으로 진행하면서 정기적으로 내용을 갱신해야 한다. 의견 차이가 있는 경우, 이 과정에 도움을 줄 식견 있는 전문가를 고용하는 것도 하나의 방법이다.

미래의 의료비 대책을 세울 때, 장기 건강 보험은 보험료가 엄청나게 비싸다는 걸 명심하자. 이 과정에서는 반드시 자격 있는 재무 설계 전문가의 도움을 받아야 한다.

남부 캘리포니아의 유명 요양 센터 관리자인 해럴드 버뮤데즈가 최근에 가장 걱정하는 일은, 앞으로 몇 년 사이에 미국인들의 평균 수입이 대폭 감소할 것이라는 사실이다.

예를 들어, 이라크 전쟁 같은 국제적인 사건에 소요된 비용을 최종적으로 지불해야 하는데 이로 인해 재정이 또 큰 타격을 입을 것이다.

버뮤데즈의 예상에 따르면, 장기 요양 시설에 입소할 수 있는 경제적 능력에 영향을 미치는 금융 태풍이 또 불어올 것이라고 하는데, 그렇게 되면 노인들을 집에서 돌볼 방법을 찾아야 하는 가족과 친한 친구들의 부담이 늘어난다.

잠시 사전연명의료 의향서 얘기로 돌아가 보자.

① 여기에는 건강 검진 및 약물 처방 기록여러분에게 효과가 없었던

^{약물까지 포함해}과 함께 완전하고 접근하기 쉬운 병력 파일이 포함되어있어야 한다. 여러분과 가족이 한자리에 모여서 모든 가족의 병력을 논의하고 기록해두자.

② 원하는 장례 형태 및 선호하는 계획을 문서화해 둔다.*

③ 젊을 때부터 장기 요양 보험에 가입한다.** 그건 우리가 할 수 있는 최고의 투자일지도 모른다.

멋지게 나이 들자!

앞의 지침을 잘 따르면, 나이가 든 뒤에 엄청난 스트레스를 받는 걸 피할 수 있고 스트레스를 덜 받으면 우아하게 나이를 먹어갈 수 있다.

그리고 자기보다 어린 사람들과 사회적 관계를 맺는 것을 주저하지 말자. 나이 때문에 행복하게 살아가는 방식에 제한이 생겨서는 안 된다. 계속 앞으로 나아가자.

---

*우리나라에도 법적인 구속력은 없지만 고인의 뜻에 따라 장례를 치를 수 있도록 '사전 장례 의향서'를 작성하기도 한다.
**우리나라는 2008년 7월부터 국가차원에서 노인요양을 대신하여 가족의 부담을 덜어주기 위해 건강보험료에 요양보험료를 포함시킨 노인장기요양 보험법이 시행되고 있다.

죽음

언젠가 우리는 죽음을 맞게 될 것이다.

이런 정신으로 살아가는 나는 저 세상에 가서 독자 여러분을 만나게 될 날을 무척 고대하고 있다. 우리는 천국에서 열릴 내 첫 번째 책 사인회에서 만나게 될 것이다. 장소는 곧 공지하겠다.

하지만 그 전에 먼저, 끝까지 살아야 한다는 걸 기억하자. 내가 로드맵을 제시했으니 나머지는 전부 여러분에게 달려있다.

보이는 게 다는 아니지만,
보이는 것을 외면하면
해결할 수 있는 문제는 하나도 없다

작은 소년이 말했다. "저는 밥 먹다가 가끔 숟가락을 떨어뜨려요."

노인이 말했다. "나도 그렇단다."

작은 소년이 속삭였다. "바지에 오줌을 싼 적도 있어요."

"나도 그런 적이 있어." 노인이 웃으면서 말했다.

작은 소년이 말했다. "저는 자주 울어요."

노인은 고개를 끄덕였다. "나도 그래."

"하지만 무엇보다 안 좋은 건, 어른들이 제게 관심이 없다는 거예요." 소년이 말했다.

소년은 노인의 주름진 손의 온기를 느꼈다. "네 말이 무슨 뜻인지 알아." 노인이 말했다.

_셸 실버스타인, '소년과 노인The Boy and the Old Man'

감각, 특히 시력의 중요성은 절대로 과소평가할 수 없다. 사람들로 가득한 방에 들어가거나 어떤 모임에 참석했을 때, 그곳에 모인 사람들을 보자마자 그 장소의 분위기와 에너지 수준을 직관적으로 감지하거나 보고 느낀 적이 있는가?

우리는 바로 눈앞에 있는 것도 제대로 인식하지 못하는 경우가 너무나 많다. 부모들은 생계를 유지하고, 아이들을 키워서 교육시키고, 연로한 자기 부모를 돌보느라 너무 바빠서, 어린 자녀들이 어떤 걱정을 품고 있는지 제대로 파악하지 못한다.

그리고 연로한 부모는 자신의 이동 능력이나 다른 신체적 문제 때문에 위험한 상황에 처할 수도 있다는 사실을 인정하지 않으려고 한다. 그들은 이제 독립성을 포기하고 다른 이들에게 의존할 필요가 있다는 걸 알지 못한다.

그리고 더 슬픈 일은 모든 당사자가 명백한 현 상황을 알고 있으면서도 자신의 두려움을 남들에게 털어놓지 못하는 것이다. 60세 이상인 사람들의 가장 큰 사망 원인 중 하나가 자기 집에서 넘어져서 생긴 부상과 그로 인한 합병증이라는 것만 봐도 알 수 있다.

명백한 현실에서 눈을 돌리는 바람에 생긴 위험으로부터 여러분을 보호하기 위해, 여러분과 사랑하는 이들은 어떤 예방책을 마련해뒀는가? 여러분과 사랑하는 가족들이 모여서 이 문제에 대해 솔직하고 단도직입적으로 얘기를 나눈 적이 있는가?

나이가 든 뒤에도 편안하고 안전하게 살아가는 방법을 배우는 건 아무리 일찍 시작해도 상관없다. 태어난 순간부터 죽을 때까지 이어지는 기나긴 여정 중에는 눈에 잘 띄지 않는 위험 구간도 많으므로, 일찍부터 그걸 찾아내서 대비 계획을 세우는 게 좋다.

디트로이트에 살던 어린 시절 우리 가족이 누린 큰 즐거움 가운데 하나는, 우리 집에서 멀리 떨어진 그 도시의 북서부 쪽에 있는 벨 섬까지 차를 타고 가는 것이었다^{당시에는 고속도로가 없었다.}

못 가본 지 아주 오래됐지만, 당시 벨 섬은 수상 스포츠, 보트 타기, 아이스 스케이팅, 강변에서의 불꽃놀이 등 온갖 다채로운 겨울 활동과 여름 활동을 즐길 수 있는 곳이었다. 유명한 음악가들이 출연하던 커다란 야외 원형 극장도 있었다. 나는 그곳에서 위대한 레너드 번스타인이 지휘한 오케스트라 공연이 가장 감명 깊었고 관심도 많이 갔다.

다른 가족들도 번스타인의 공연을 사랑했지만, 나는 그의 음악적 방법론에 집착했다. 번스타인은 항상 팔과 다리를 매우 조화롭게 움직였고 얼굴에는 신비로운 표정을 짓는 것 같았다.

다른 사람들에게 이 얘기를 하자, 그들은 음악에 집중하느라 다른 건 알아차리지 못했다고 했다. 하지만 나는 그런 흥미로운 부분을 결코 잊지 않았는데, 그로부터 몇 년이 지나 레너드 번스타인이 사망한 뒤에 〈뉴욕 타임스〉에 그에 관한 중요한 기사가 실렸다. 이 기사를 보관해두지 않은 게 후회스럽다. 기사를 쓴 음악 평론가는 번스타인을 다른 이들과 차별화하고 그를 대가의 반열에 오르게 만든 특징으로, 오케스트라를 이끄는 동안 그의 신체와 정신이 모두 그 일에 관여하는 것이라고 했다.

친구나 사랑하는 이들이 자기 삶에 몰두하는 모습을 지켜보면서 보내는 시간이 얼마나 될까? 노부모가 자신의 삶을 대하는 방식을 그대로 받아들이고 그들이 일상생활을 헤쳐 나가는 모습을 바라보며 흐뭇해하느라 실제로 그들이 얼마나 불행한지 깨닫지 못하는 건 아닐까?

사느라 너무 바쁜 나머지, 잠시 한 걸음 물러나서 일상생활에 수반되는 감정을 실제로 보거나 느낄 시간조차 없는 걸까? 아무래도 그런 것 같다.

미국의 한 가구 제조회사 사장이 헝가리에 가서 자기 회사에서 사용할 자재를 구입했다.

그는 식당에서 나오다가 자기를 향해 미소 짓는 매우 아름다운 여성을 보았다. 그도 미소를 보내면서 그녀와 인사를 나누려고 했지만, 언어 장벽 때문에 서로의 의사를 이해할 수가 없었다.

그가 자동차 그림을 그리자 여자가 좋다는 뜻을 비쳤고, 두 사람은 그의 차를 타러 나갔다.

남자가 술집 그림을 그리자 여자도 동의의 표시로 고개를 끄덕여서, 둘은 술집에 가서 술을 몇 잔 마셨다. 그리고 남자가 춤추는 사람 두 명의 그림을 그려서 그들은 댄스 플로어에 올라가 춤도 추었다.

이번에는 여자 쪽에서 그에게 종이와 연필을 빌려달라고 하더니, 기둥이 네 개 달린 침대 그림을 그렸다. 그림을 보고 혼란에 빠진 그는 여자를 처음 만난 장소에 다시 데려가서 내려주었다.

다음 날, 그는 친구에게 그 여자와 만났던 일을 얘기하면서, "대체 내가 가구 사업에 종사한다는 걸 어떻게 알았을까?"라고 했다.

알츠하이머병에 걸려 요양원에 갓 입소한 여성의 가족들에게 요양원 시설을 안내한 적이 있다. 내부를 돌아다니는 동안 일행 중 한 사람이 근사한 가구와 멋진 식당, 벽에 걸린 귀한 그림 등을 가리키며 감탄했다.

그녀는 "오, 정말 살기 좋은 곳이네요!"라고 외쳤다. 그래서 내가 그녀에게 물었다. "이곳에 거주하는 사람들은 어떻습니까? 그 사람들도 이걸 당신과 같은 시선으로 바라볼 수 있을까요?" 우리가 아무 감정도 느끼지 못하고, 자기 세상에서 길을 잃어 버킹

엄 궁전도 뉴욕의 지저분한 뒷골목이나 마찬가지일 사람들에게 둘러싸여 있다는 사실을 갑자기 깨달은 그녀는 아무 말도 하지 못했다.

이런 가족들이 나이 든 부모가 지낼 근사한 요양원이나 아이들을 입학시킬 멋진 기숙학교를 골랐다고 얘기하는 걸 듣는 것만큼 화나는 일도 없다.

그게 노인들이 견뎌내고 있는 열악한 삶의 질과 무슨 관계가 있는가? 부모들이 멋진 학교를 베이비시터 삼아 학령기 자녀들을 대하는 태도는 또 어떻고?

우리 가족 중에 헌신적인 학교 교사가 있는데, 그녀는 우리 집에서 몇 킬로미터 떨어진 곳에 산다. 또 그녀에게는 신체적인 장애가 있어서 장거리 운전을 하기가 힘들다. 그래서 내가 직접 운전을 해 그녀를 만나러 가는 일이 종종 있는데, 바로 얼마 전에도 그렇게 했다.

학교 근무는 이미 끝난 시간이었지만 그녀는 다음 날 수업을 위해 교실을 꾸며야 했다. 그래서 우리는 학교에서 만나, 그녀가 늦게까지 일하는 동안 계속 얘기를 나눴다.

학교 건물 밖에서는 많은 초등학생이 지켜보는 부모도 없이 이리저리 뛰어다니면서 서로에게 흙을 던지거나 괴성을 지르거나 고함을 치고 있었다. 이 모든 일이 부유한 동네의 아름다운 학교를 배경으로 벌어지고 있었다.

"왜들 저러고 있는 거냐?"하고 물어봤다. 그러자 부모들이 아직 아이를 데리러 오지 않아서 기다리는 중이라는 것이었다.

우리는 이렇게 많은 사람의 요구를 못 본 척하는 건가? 우리에게 의지하는 이들이 작은 행복조차 느끼지 못하게 가로막는 진짜 문제가 뭔지 이해하지도, 해결하지도 못한 채 이런 자신의 모습을 외면하기만 하는 건가?

다들 한 걸음 뒤로 물러나 주변에서 벌어지는 일들을 제대로 보고 이해해야 하며, 사랑하는 이들이 번드르르한 주변 환경 속에서 허둥대게 놔두지 말고 그들을 구할 조치를 취해야 한다.

> 우리가 보는 것과 아는 것 사이의 관계는 결코 해결되지 않는다. 우리는 매일 저녁 해가 지는 모습을 본다. 우리는 지구가 태양에서 멀어지고 있다는 걸 안다. 하지만 그 지식과 설명은 우리 눈에 보이는 광경과 잘 들어맞지 않는다.
>
> _존 버거,《어떻게 볼 것인가》

손녀 줄리가 텍사스의 오스틴 대학교를 졸업했을 때, 농담으로 내가 나이 들면 돌봐줄 수 있도록 좋은 직장을 구해야 한다고 말했다. 그러자 줄리는 웃으면서 "그건 우리 아빠가 할 일"이라고 재빨리 대답했다.

물론 그 애 말이 맞다. 나도 같이 웃었다. 하지만 그 문제를 좀 더 곰곰이 생각해보았다.

이 모든 일이 어떻게 시작되었는가? 언제부터 내가 늙기 시작했는가? 실제로 누가 누구를 돌봐야 하는 건가?

돌이켜보면, 내 경우에는 모든 게 어떤 경고에서 시작되었다고 본다. 하지만 그 문제는 나중에 다루게 될 것이다. 일단은 좀 더 일반적인 문제부터 살펴보고 싶다.

노화 과정이 진행되는 동안에는 앞으로 심각한 문제가 발생할 가능성이 있다는 징후가 자주 나타난다. 하지만 우리도 그렇고 사랑하는 이들도 그렇고 다들 이 징후를 무시하면서, 그게 단지 우리 삶의 정상적인 측면인 것처럼 여기려고 한다. 하지만 사랑하는 사람들이 이런 징후에 신속하고 진지하게 대처한다면, 그게 심각한 사안으로 발전하기 전에 문제를 최소화하거나 제거할 수 있다.

나와 친한 론 라이터 박사와 주디 프라이어 박사가 한 강의에서 오감의 중요성을 설명한 적이 있다. 그러다가 갑자기 론이 성경 주석에 관한 얘기를 꺼내 우리 주의를 환기시켰다. 성경에서 이르기를, 모름지기 오감이 다 중요하지만, 특히, 시각은 다른 감각에 결여된 한 가지 중요한 이점을 더 가지고 있다고 한다.

강의 참석자들이 그게 뭐냐고 묻자, 론은 어떤 주제를 더 넓은 시각에서 바라보고 그 시각을 유지할 능력이라고 말했다. 예를 들어, 여러분은 군중 속에서 각별히 관심을 끄는 누군가를 발견하거나 어떤 예술 작품을 보고 큰 감동을 느낄 수도 있다. 또 산에 올라가 아름다운 계곡을 바라볼 수도 있다.

1983년에 캘리포니아의 한 리조트에서 열린 비즈니스 행사에 참석했을 때, 난 식당 건너편에 있는 내 미래의 아내 안나를 처음 보았다. 그리고 첫눈에 그녀에게 반했다.

내 친구이자 멘토, 유대교 율법 학자단의 전설이기도 한 랍비 해럴드 슐바이스가 유명한 바이올리니스트 이츠하크 펄먼에 대해서 쓴 '세 개의 현으로 연주하다'라는 시는 내가 제시할 수 있는 최고의 예다.

우리는 이츠하크 펄먼을 본 적이 있다.
누가 다리에 버팀대를 대고 목발을 짚고 무대를 걷는가.
그는 자리에 앉아 다리를 고정시킨 걸쇠를 푼다.
한쪽 다리를 뒤로 접고 다른 쪽 다리는 뻗으면서
목발을 내려놓고 바이올린을 턱 아래에 괸다.
한번은 그의 바이올린 줄이 하나 끊어졌다.
청중은 숨을 죽였지만, 바이올리니스트는 무대를 떠나지 않았다.

그는 마에스트로에게 신호를 보냈고, 오케스트라가 그 부분을 연주하기 시작했다.

바이올리니스트는 강한 힘과 격렬한 열정을 담아 연주했다.

단 세 개의 현으로.

그는 세 개의 현으로 소리를 조절하고 변화시키면서 머릿속에 새겨져 있는 그 작품을 다시 작곡했다.

다양한 소리를 내기 위해 현을 다시 조율하면서 줄감개를 위아래로 돌렸다.

청중은 기뻐서 소리를 지르며 박수로 감사의 뜻을 전했다.

나중에 어떻게 그런 일을 해낼 수 있었냐고 묻자, 바이올리니스트는 이렇게 대답했다.

내게 남은 것을 가지고 음악을 만드는 게 나의 일입니다.

그의 이 말은 연주회보다 더 강한 인상을 남긴다. 남아있는 것으로 음악을 만들어라.

우리가 불러야 하는 노래를 완성하라, 손실을 초월하라.

마음과 영혼과 능력을 다 쏟아서 연주하자. 우리 안에 남아있는 힘을 다해서.

이건 죽음이 우리를 갈라놓을 때까지 살아갈 수 있는 정말 근사한 방법이다.

우리는 관객 앞에 서 있는 공연자처럼 삶을 살아간다. 청중이 우리를 바라보듯이 우리도 청중을 바라본다.

가족이나 우리와 가까운 이들이 청중의 중요한 부분을 구성한다. 사랑하는 이들에게 해결해야 할 문제가 있다는 걸 알려주는 증상이 나타나도, 우리는 눈을 감고 그런 일이 벌어지지 않은 것처럼 행동한다. 결과에 박수를 보내려면 먼저 연주회에 참석부터 해야 한다.

본 장의 시작 부분을 쓰는 동안, 무료 하숙에 식사까지 제공하는 대가로 93세인 자기 아버지 집에 들어가 살 만한 사람이 있겠느냐고 물어보는 여자를 만났다. 연로한 아버지를 돌봐줄 사람이 필요하다는 것이었다.

내가 그런 일을 하도록 훈련받은 공인 간병인을 고용하지 않을 경우 발생할 수 있는 법적 문제나 기타 영향에 대해 설명하자, 그녀는 "아버지는 아직 그럴 준비가 안 됐다"고 대답했다.

아니, 어떻게 그 나이가 된 사람이 아직 준비가 안 됐다고 생각할 수 있는 걸까?

우리가 눈을 똑바로 뜨고 현실을 부정하지만 않는다면 노화로 발생하는 문제의 징후를 쉽게 찾아내고 필요한 조치를 취할 수 있다는 걸 알기 때문에, 시각의 중요성이 더욱 명확해진다.

노화의 징후

① 혼란스럽고 특이한 행동

보호자들은 침착한 태도를 유지하면서 이런 행동의 원인을 파악해야 한다.

② 버럭 소리를 지르거나 고함을 치는 등 갑자기 괴팍한 행동을 함

통증을 느끼거나, 뇌 손상 때문에 문제가 생겼거나, 외롭고 두렵거나, 지루하거나, 기억력 감퇴 때문에 불안하거나, 주변이 너무 시끄러워서 짜증 난 것일 수도 있다.

만약 이들이 과거의 누군가에게 소리를 지르는 것이라면, 그 문제에 대해 얘기하면서 기분을 달래주는 것이 좋다. 이유가 무엇이든, 주치의와 이 문제를 상담해야 한다.

③ 반복적인 질문, 비정상적인 행동이나 움직임

지루하거나 다른 사람과 더 많이 접촉하고 싶은 욕구 때문에 이런 행동을 할 수도 있다. 아니면 스트레스나 시끄러운 주변 환경, 불편함 때문일 수도 있다.

너무 덥거나, 춥거나, 배가 고프거나, 목이 마르거나, 변비에 걸리지 않도록 주의한다. 또 주치의에게 연락해서 통증이나 약물과 관련된 문제는 없는지 확인하는 게 좋다.

④ 치매

- 물건을 숨기거나 잃어버린다.

- 사람들을 성가시게 굴거나 계속 전화를 건다.
- 행동이 불안정하고 자꾸 넘어진다.
- 밤에 돌아다닌다.
- 건망증이 심해지고 화를 잘 낸다.

이런 문제들 대부분 혹은 전부가 알츠하이머병이나 다른 노화 증상과 관련이 있을 수 있는데, 해결하기 힘들어질 때까지 기다리지 말고 주의 깊게 살펴보다가 필요한 조치를 취한다면 차분하게 대응할 수 있다.

여러분이 혼자 사는 경우혹은 다른 가족들과 함께 살더라도, 가까운 사람들은 아무 문제도 없는 것처럼 행동하기보다 이런 문제들을 서로 공유하고 의논해야 한다.

또 나이가 들수록 자신이 거주하는 환경을 최대한 안전하게 만들어야 한다. 65세가 넘은 사람 세 명 중 한 명은 매년 넘어지는 사고를 당하고, 노인 사망 사고의 거의 70퍼센트가 낙상의 결과라는 걸 생각하면 이게 얼마나 심각한 문제인지 알 수 있다.

낙상 사고를 당하면 움직일 수 없게 될 뿐만 아니라 사망하거나 치료 시설에 입원해야 할 가능성도 높아지고, 심한 엉덩이 부상과 생명을 위협하는 온갖 종류의 합병증이 발생하기도 한다.

자, 다시 한번 잘 살펴보자. 노화의 징후는 어느 것 하나도 무시해서는 안 된다.

낙상

질병통제예방센터의 추산에 따르면, 노인 낙상 사고와 관련해서 발생하는 비용이 1년에 270억 달러나 되고 2020년에는 430억 달러를 넘을 것이라고 한다.

다음은 생명을 위협하는 낙상 가능성을 최소화하기 위해서 취해야 하는 조치들이다.

① 욕실과 화장실에 손잡이, 이동식 변기, 미끄럼 방지용 욕실 매트, 욕조 벤치나 샴푸 의자, 손에 쥐고 사용할 수 있는 샤워기 등을 설치한다.

② 집에 깔려있는 작은 양탄자나 깔개는 모두 치우자. 매우 위험하다.

③ 튀어나와 있는 전깃줄 등 어수선한 잡동사니들을 모두 치우고, 걸어 다니는 모든 장소에서 위험한 상황이 발생하지 않도록 조치한다.

④ 계단이 전부 안전한지 확인하고, 계단을 헛디디는 일이 없도록 반사 테이프를 붙여서 계단 위치를 표시한다.

⑤ 모든 방에 야간 조명을 설치한다.

⑥ 바퀴 달린 의자를 포함해 모든 의자가 앉거나 올라서기에 안전하고 튼튼한지 확인한다. 등받이 없는 높은 의자와 오래된 부엌 의자를 특히 주의 깊게 살펴봐야 한다.

⑦ 높은 책꽂이는 위험하며, 자주 꺼내는 것들은 낮은 선반에 보관해야 한다.

⑧ 길게 늘어지는 옷이나 헐렁한 슬리퍼는 발이 걸려 넘어질 가능성이 크므로 피해야 한다.

지팡이 사용을 신중하게 고려해보고, 실제로 지팡이를 살 때는 매우 까다롭게 골라야 한다. 견고하고, 높이가 적당하고, 쉽게 균형을 잡을 수 있어야 한다. 모든 지팡이가 노인들의 필요에 맞게 만들어진 건 아니라는 사실을 명심하자.

최근에 고혈압 약을 복용하기 시작했다면, 현기증이 나서 쓰러지거나 서 있다가 실신하는 바람에 엉덩이뼈가 골절될 위험이 증가한다. 그런 상황이 발생하면 즉시 의사에게 연락해야 한다.

폐렴으로 입원한 노인은 퇴원한 뒤에 기억력 감퇴, 낙상, 우울증 등을 겪을 위험성이 높으며, 향후 요양원이나 다른 요양 시설에 입원할 필요가 생길 수도 있다는 점을 명심하자.

이 책을 쓰면서 고령자, 고령자의 가족, 의사, 병이나 낙상 때문에 병원에 입원하거나 요양 시설에서 지낸 적이 있는 사람들과 얘기를 나누었는데, 그들 모두 집에 돌아온 뒤에 앞에서 얘기한 증상들을 거의 다 겪었다고 한다.

입원 기간이나 회복 기간에 몸을 움직이지 못하는 것이 나이가 들면서 많은 영향을 미치는 듯하다.

지레 겁먹고 미리 죽은 듯 살지 말자

죽음. 이보다 더 심각한 주제는 나오지 않을 것이라고 말해주길 바라는가? 흠, 내 생각은 다르다.

여러분은 아직 젊지만, 이 주제를 무시하지는 말자. 그건 큰 실수다. 죽음과 관련된 심각한 오해가 하나 있다. 죽음은 호흡을 멈춘 사람에게만 찾아오는 게 아니다. 삶을 중단한 사람에게도 찾아온다. 또 행복하기를 그만둔 사람에게도.

2013년 1월 〈로터리언〉의 프랭크 뷰어스가 '위험에 따르는 보상'이라는 훌륭한 기사에서 말한 것처럼.

"행복을 추구할 때 가장 큰 위험은 무엇일까? 아무것도 하지 않는 것이다."

뷰어스는 이 고무적인 기사에서 데이비드 프리먼의 이야기를 들려준다. 프리먼은 사람들에게 인생 계획을 세우고 밖에 나가 새로운 모험을 경험하라고 독려하는《죽기 전에 꼭 해야 하는 일 100가지100 Things to Do Before You Die》를 비롯해 인생에 관한 다양한 책을 쓴 작가다. 그는 "이건 짧은 여행이다. 그러니 여행이 다 끝나기 전에 자리를 박차고 일어나 멋진 추억을 두어 가지 만들자"고 말한다.

프리먼은 41세의 나이에 사고를 당해 죽었다. 하지만 그는 그동안 전력을 다해 살았다. 진지하게 최선을 다해 살았다고 강조해도 될 정도다.

살면서 하고 싶은 일이 많았던 프리먼은 슬프게도 그 계획을 절반밖에 달성하지 못했지만, 엄청난 의욕과 투지를 품고 목표를 달성했다.

"아, 꿈을 믿는다는 건 멋진 일이다.

젊을 때는 별빛이 빛나는 시냇가에 서 있지만, 더 중요한 건 삶을 이겨내는 것이다. 그리고 마지막에 가서 그 꿈이 사실이었다고 말하는 것이다."

대부분 노화와 죽음은 60대 후반 즈음부터 걱정하면 된다고들 생각하지만, 실제로는 질병이나 사고, 여러 가지 상황 때문에 젊은 나이에 죽는 이가 많다.

이런 문제를 한번 생각해 보자.

찰스는 대학에 진학한 뒤 나중에 엔지니어링 분야에서 일하겠다는 계획을 세워둔 17세의 고등학생이었는데, 췌장암 진단을 받고 한동안 극심한 고통을 겪었다. 그리고 한 달도 채 안 되어 죽었다. 25세의 족병 전문의인 새미는 자동차 사고로 죽었다. 마이크는 대학을 다니던 중에 강도가 쏜 총에 맞아 살해당했다. 이런 예는 무수히 많다.

자기가 가장 좋아하는 일을 하다가 심한 부상을 입거나 죽은 젊은 선수들에 대한 얘기를 몇 번이나 들었는가? 가족끼리 삶의 고통에 대해 터놓고 얘기하거나 죽음에 대해 논하기에 이보다 더 좋은 이유가 있을까? 난 없다고 생각한다. 인생은 너무나도 짧다.

예상한 일과 예상하지 못한 일 모두를 위한 계획경고한 대로 이 무시무시한 단어가 또 나왔다.을 세워두는 게 필수적이다.

물론 우리에게 이런 일이 벌어질 수 있다는 이유로 항상 슬픔과 두려움에 잠겨 지내야 한다는 얘기가 아니다. 다만 세월이 흐르는 동안 우리 자신이나 친구, 친척에게 영향을 미치게 될 인생의 실제적인 상황으로 받아들여야 한다는 것이다.

여기 짤막한 일화가 하나 있다. 실제로 존재했던 한 여성의 완벽한 사례가….

90대 후반의 여성이 피임약이 필요하니 처방해달라고 했다. 그 말을 들은 의사가 깜짝 놀라서 왜 피임약이 필요한 거냐고 물어봤다. 그러자 피임약이 잠을 잘 자는 데 도움이 된다고 했다.

"잠자는 걸 별로 좋아하지는 않지만, 낮 시간에 활동하려면 푹 쉴 필요가 있어서요."

의사는 어떻게 피임약이 잠을 잘 자는 데 도움이 되느냐고 물어봤다. 그러자 할머니는 "매일 아침 손녀딸의 커피에 피임약을 넣으면 밤에 더 잘 잘 수 있다"고 말했다.

하지만 이게 끝이 아니다. 의사는 "그래서 안색이 그렇게 좋은 겁니까? 밤에 잠을 잘 자서요?"라고 물었다. "아뇨. 그건 남자친구가 네 명 있는 덕분이죠."

"농담이시죠?"

"아뇨. 날마다 윌 파워와 함께 하루를 시작하고, 아서 리티스와 산책을 해요. 산책을 마치면 대개 찰리 호스와 같이 집에 돌아오고, 저녁 시간은 벤 게이와 보내죠."

다른 이의 평판도 중요하지만, 스스로 자신의 삶을 평가하는 것도 중요하다

우리는 아주 어릴 때부터 세상에는 자기가 하고 싶은 일과 어떻게든 피하려고 하지만 반드시 해야 하는 일들이 있다는 걸 알게 된다. 내 경험에 따르면 장례식에 가거나, 아픈 친구를 병문안하거나, 아침에 일어나 일하러 가거나, 설거지 같은 일상적인 일을 할 때마다 그 일이 상대방뿐 아니라 자신에게도 이익이 되는 타당한 이유를 몇 가지 찾아내면 태도를 바꿔, 그 일을 자기가 원하는 일로 만들면 스트레스를 훨씬 덜 받는 삶을 살 수 있다.

마리안은 아들과 같이 산다. 화요일 아침 7시에 마리안은 아들에게 일어나서 학교 갈 시간이라고 소리쳤다.

그러자 아들이 징징거렸다.

"학교 가기 싫어요. 선생님들도 싫고, 구내식당 음식은 형편없고, 학생들은 유치하고 비열하게 군다고요."

이 말을 들은 마리안이 말했다.

"그래도 가야 해. 네가 교장이잖니."

잠시 진지하게 얘기해보겠다.

삶과 죽음에 대해 공개적으로 얘기하고 그 여정의 각 단계를 계획하는 것만으로도 인생의 가치를 느끼게 될 것이다. 그러니 여러분의 생각과 꿈을 사랑하는 사람들과 함께 나누고, 다른 사람들의 경험을 쓴 글을 읽고, 그 과정에서 자주 미소를 짓고, 또…

뭐라고?

너무 같은 얘기만 반복한다고? 저런, 80세 미만인 사람들은 그게 문제다. 젊은이들은 통 인내심이 없다.

그래도 상관없다. 나는 진정한 영감을 안고 앞으로 나아가고 있다. 해야 하는 일을 긍정적으로 받아들이면, 행복이야말로 우리가 나아가야 할 유일한 길이라는 사실이 증명된다.

사례 연구 #1 낙관적인 루스

우리 가족 중 한 명은 90대 중반인데, 허리가 아파서 걸음걸이가 시원치 않은 것만 제외하면 육체적으로든 정신적으로든 자기보다 훨씬 젊은 사람들만큼 활동적이다.

그녀는 평생 다른 누구보다 많은 비극을 겪었다. 어릴 때 어머니를 여의고, 출산 직후에 아기가 죽고, 40대 후반에는 남편과 사별하고, 그 사이 주변 사람도 많이 죽었다.

하지만 그녀는 애도 기간이 끝나면 항상 행복한 태도를 유지하면서 삶을 즐겼다. 그녀가 성공적인 케이터링 회사를 운영하면서 혼자 힘으로 키운 두 딸은 다정하고 친절한 사람으로 자라 모든 이에게 절대적인 사랑을 받는다.

루스는 항상 낙관적인 태도로 살아가며, 때가 되어 저 세상에 가면 그곳에서도 자신의 영혼이 따뜻한 환영과 보상을 받게 될 것이라고 믿는다.

힘든 인생을 보내는 내내 그녀가 그렇게 낙관적일 이유는 없었다. 하지만 그녀는 낙관적으로 살고 싶었기에 스스로 그런 태도를 택했다.

사례 연구 #2 나의 호스피스 인생

1978년에 내 친한 친구이자 멘토인 네이선 아델슨이 말기 암 진단을 받았다그는 라스베가스에 있는 선라이즈 병원의 설립자 겸 상임 이사였는데.

나는 이곳에서 식음료 설비 디자인, 기획, 식료품 사업을 하는 대기업의 한 부서를 맡아서 운영했다.

끝이 멀지 않았고, 이제 그의 여명은 몇 달밖에 남지 않았다. 이때 내 친구가 하고 싶었던 일은 뭘까?

네이선의 가족과 친구들이 그의 삶을 기리기 위해서 뭘 하고 싶으냐고 묻자, 그는 자기 이름으로 호스피스 프로그램을 만들고 싶다고 했다. 그 결과, 라스베이거스에 네이선 아델슨 호스피스 가 설립되었다.

그로부터 여러 해가 지난 뒤인 2013년, 중소기업 우수 상거래 협회는 네이선 아델슨 호스피스에 네바다주 우수상을 수여했다.

나는 오랫동안 어려운 사람들을 돕는 일에 종사하면서 로터리 클럽이나 그와 유사한 다른 단체들과 함께 일했다. 그리고 1979 년에 죽은 내 친구를 기리기 위한 이 단체에 합류하면서 호스피 스 간병인이 되기 위해 정식 훈련을 받았다.

당시에는, 그로부터 35년간 간병인 일을 하면서 쌓은 실제 경 험이 내 삶에 그렇게 많은 의미를 더해주고, 또 아름다운 아내를 잃는 비극과 그에 따르는 사건들을 대비하게 해주리라는 생각은 꿈에도 못 했다.

내 냉소적인 유머 감각은 차치하더라도, 이 책을 읽는 동안 여 러분은 왜 내가 매우 젊은 나이부터 다른 이들을 돕는 걸 내 도덕적 신념의 근간으로 삼았는지 이해하게 될 것이다.이건 때때로 나의 실패가 남들에게 상당한 고통을 안겨줬다는 사실을 기꺼이 인정하는 것이기도 하다. 정직한 태도를 유지하기 위해서는 이런 일도 감수할 것이다.

사례 연구 #3 내가 선택한 길

이건 나에 관한 이야기다.

1980년 11월 21일, 라스베이거스의 MGM 호텔에서 불이 나 82명이 사망했다. 그 비극적인 사건이 벌어졌을 때, 네이선 아델슨 호스피스는 다양한 문제들을 해결하도록 도와줄 자원봉사자들을 파견해 달라는 요청을 받았다.

그날 저녁, 내가 맡게 된 임무는 카운티에서 운영하는 시신 안치소에 가서 희생자들의 신원을 확인하고 그들의 가족에게 연락하는 것이었다.

가까운 친척도 없어서 베이비시터와 함께 집에 남겨진 수많은 아이에게 이 소식을 전해야 한다는 게 두려웠다. 그들 부모가 즐거운 시간을 보내고 있어야 할 곳에서 수천 킬로미터나 떨어진 곳에 있는 아이들에게 부모님을 다시는 볼 수 없다는 사실을 알려야 하는 것이다.

시간을 빨리 돌려서 34년 뒤로 가보자.

요양원에 사는 85세의 남자, 다른 사람을 돕기도 하고 자기 일도 계속하는 남자가 이렇게 오랜 시간이 지난 뒤에 과거의 비극을 되돌아보는 책을 쓰면서 시간을 보내는 이유가 뭘까?

내가 선택한 일이기 때문이다. 이것이 내가 원하는 것이다.

나도 실제로 이런 질문을 꽤 많이 던졌다. 그렇다면 이에 대한 다른 대답은?

나는 아직 살아있고 모든 목표를 다 이루지 못했기 때문이다. 그리고 내 도덕규범 안에서 자신의 잘못을 뉘우치고 내 뒤를 따르는 이들이 수확할 씨앗을 심는 방법도 배웠다.

그게 다다.

확실하게 입증된 삶

누군가의 칭찬을 받으려고 다른 사람을 돕는 건 부질없는 일이다. 부정직한 행동일 뿐만 아니라 최악의 경우 해롭기까지 하다.

이 책을 읽는 젊은이들이 자주 쓰는 표현을 빌자면, 정말 뭣 같은 일이다! 알아듣겠는가?

무지가 수많은 아이디어와 훌륭한 계획을 망친다는 건 기본적인 진실이다. 우리가 정말 최선을 다하는 순간에는 신의 섭리도 우리 편이 되어준다. 그렇게 노력하지 않았다면 결코 일어나지 않았을 온갖 일들이 그 사람을 돕기 위해서 일어난다.

> 네가 할 수 있거나 할 수 있다고 꿈꾸는 일들을 시작하라.
> 새로운 일을 시작하는 대담함 속에
> 천재성과 힘, 그리고 기적이 숨어있다.
> 지금 바로 시작하자.
>
> _괴테

괴테가 말한 "지금 당장 시작하자"라는 게 무슨 의미일까?

제대로 살기 시작하라는 뜻이다. 이 말을 좀 더 확대하면, 준비가 되어있어야 한다는 뜻이기도 하다. 만반의 준비가 되어있으면 소제목에서 말한 것처럼 확실하게 입증된 삶을 살 수 있다.

그렇다면 '확실하게 입증된 삶'이란 무얼 뜻하는가?

부정직한 삶이 아닌 정직한 삶을 살라는 얘기다. 안다, 알아. 또 똑같은 얘기를 반복했다는 거.

세계적으로 위대한 지도자들의 주된 특징 중 하나는 그들이 인생 대부분을 가족과 친구, 사업 동료, 지인들의 애정과 존경에 둘러싸여 살았을 뿐만 아니라 그들을 통해서 배우고 그 애정의 온기를 풍부한 리더십과 지식으로 변화시켰다는 것이다.

나 역시 청하지도 않았는데 이런 보상을 받았고, 이에 대해 넘치도록 감사하는 바다.

이 책 첫머리에서, 태어나는 순간부터 노화와 죽음은 우리 삶에 확실히 보장되어있으므로 둘 다 두려워할 필요가 없고, 다만 공개적으로 여행을 준비하면서 우리 여행이 얼마나 흥미진진하고 도전적인 모험이 될지 이해할 필요가 있다고 썼다.

성경에는 세상이 세 번 창조되었음을 암시하는 이야기가 나온다. 첫 번째 세계는 악의 세계였는데 제구실을 못 했다. 그 다음에 좋은 것들만 모아서 다시 창조한 세상 역시 제대로 돌아가지 않았다. 그래서 결국 선과 악이 모두 존재하는 세상을 만든 뒤 인간에게 그걸 해결하도록 했다.

왜냐고? 그래야 우리가 교훈을 얻고 선과 악의 차이를 이해할 수 있기 때문이다.

이 글을 쓰기 위해 조사하던 중에 랍비 조셉 텔루슈킨이 《죽기 전에 한 번은 유대인에게 물어라》라는 두꺼운 책에 쓴 흥미로운 해설을 발견했다. 그는 전도서 968장에 관한 얄쿠트 쉬므오니의 분석을 인용했다. "신이 모든 사람에게 죽는 날을 감추지 않았다면, 집을 지으려는 사람도 포도밭을 경작하려는 사람도 없을 것이다. 다들 '내일이면 죽을 텐데 무엇 때문에 다른 사람을 위해서 일해야 하지?'라고 생각할 것이다."

그러므로 꽤나 정확한 이 분석에 따르면, 신은 인간이 집을 짓고 땅을 일구게 하려고 죽는 날을 감춘 것이다. 그가 장수한다면 노력의 결실을 즐길 수 있을 것이다.

여러분에게 종교적 신념이 있든 없든 상관없이 묻고 싶은 게 하나 있다. 성취감을 느끼는 동시에 우리를 따르는 이들을 위해 밝은 미래를 열어주려면, 낙관적인 시선으로 인생을 바라보면서 매일 열심히 사는 것보다 더 나은 방법이 뭐가 있겠는가?

나는 이 말에 전적으로 동의한다. 그게 우리 인생에서 가장 중요한 것들이다. 그리고 희망도.

희망은 우리에게 가장 필요한 것이다. 더 나은 내일을 희망하자. 고난과 고통이 끝나기를 바라자신체적 장애나 나이가 희망을 잃을 핑계가 되어서는 안 된다. 평생 행복한 여정을 보내고 싶다는 소망을 품자. 그리고 희망을 이루기 위한 계획도 세우자. 우리가 실패하는 건 노력을 멈출 때뿐이다.

말이 나왔으니 하는 얘긴데, 그렇다면 이 장의 교훈은 뭘까?

이 책에서 지금까지 말한 것들을 모두 실천하자. 그러면 여러분도 확실하게 입증된 삶의 기쁨과 진가를 손에 넣게 될 것이다.

평생 이룬 걸 전부 혼자 해내셨다고?
정말?

나는 세계에서 가장 훌륭한 비즈니스, 종교, 교육, 정치 부문의
지도자들을 만나 조언을 얻는 특권을 누렸다.

1957년에 미시간 하퍼 우즈 로터리 클럽의 회장이었던 나는,
본인의 이름을 딴 잡화점 체인을 설립한 유명한 소매상 S. S. 크
레스지를 초청 연사로 소개하게 되어 정말 감격했다. 이 잡화점
체인이 훗날 케이마트가 되었다.

나는 그에게 나처럼 막 승진한 스물여덟 살 젊은이에게 어
떤 충고를 해주고 싶은지 물었다. 그의 대답은 흥미로웠다. 그는
"젊은이, 상류 계급과 함께 살아가고 싶다면, 먼저 일반 대중을
대하는 방법을 배우고 그들과 좋은 관계를 맺어야 하네."라고
말했다.

내가 살아온 삶을 되돌아보고 또 지금 우리 세계에서 벌어지

는 일들을 살펴보면, 이 충고는 오늘날에도 매우 유효한 듯하다. 누군가가 "자수성가"했다거나 "모든 일을 혼자 힘으로 해냈다"는 얘기를 들을 때마다, 나는 속으로 '정말?'이라는 의문이 든다.

그들의 부모님이나 교사가 그들에게 현명한 영향 혹은 잘못된 영향을 끼치지 않았다고 말하는 건가? 수많은 친구와 친척이 그들의 사고 과정에 뭔가를 보태지 않았다고? 금융 기관의 도움 없이도 성공에 필요한 자금을 조달할 능력이 있었다는 건가?

직원과 협력업체의 도움이 있었기에 그들이 성공할 수 있었던 것 아닐까? 배우자와 자녀, 그리고 살면서 만난 다른 이들에게 받은 사랑과 지지는 어떤가? 그리고 마지막으로, 질병이나 비극적인 사건, 또는 노화 과정이 닥쳐왔을 때 그들이 계속 성공할 수 있었던 건 운일까, 아니면 그들이 시작한 일을 이어가기 위해 다른 사람들이 나서준 덕분일까?

여러분도 나와 함께 인생을 여행하자. 내가 방문한 많은 기업, 참석한 회의, 관여했던 여러 무역 박람회, 그리고 가장 중요한 병원과 재활 센터, 개인 주택을 찾아가 함께 노인들을 방문하는 것이다.

혼자서 가족을 부양할 책임을 떠안고 그 과정에서 혁신적인 사업 아이디어를 생각해낸 젊은 미혼모들과도 얘기를 나눠보자.

나는 최근에 그런 사람을 만났다. 데니스는 아름답고, 활발하고, 매력적이고, 활기가 넘치고, 삶에 대해 매우 긍정적인 태도를 지녔다. 몸에 좋고 깨끗한 물을 생산하는 정수기를 개발한 그녀는 이 정수기 사용을 촉진하기 위해 유통 회사를 설립하기로 결심했다.

그녀가 내게 제품 데모를 보여줘도 괜찮겠느냐고 묻기에 그러라고 했다. 마케팅·영업 분야에서 뼈가 굵은 나는 그녀의 훌륭한 아이디어보다는 성공을 위한 헌신적인 노력과 결단력에 더 매료되었다. 프레젠테이션이 끝난 뒤에는 함께 제품에 대해 논의했고, 나는 성공할 수 있는 방법을 몇 가지 알려줬다.

지금까지 내가 언급한 이들에게, 그 모든 걸 혼자 힘으로 해낼 수 있었는지 물어보라.

이 얘기의 요점은 무엇일까? 우리는 삶의 매 단계마다 다른 사람의 도움이 필요하다는 것이다. 사업이든 교육이든 나이가 든 뒤에도 다른 사람에게 의존하고 싶지 않다는 생각이 크겠지만, 지금도 의존하고 있고 앞으로도 또 그러리라는 걸 인정해야 한다.

우리는 세상에 혼자 태어난 게 아니다. 수많은 사람이 모여 사는 공동체 안에서 태어났기에 행복한 삶을 살면서 역경을 극복하려면 다른 이들과 관계를 맺고 서로 도와야 하며, 어릴 때부터 타인의 도움을 기꺼이 받아들여야 한다.

뉴욕의 한 연회에 특별 연사로 참석하게 된 매우 성공한 기업가에 관한 이야기가 있다. 그를 소개한 사람은 이 연사가 오래 전에 자기 소지품을 다 넣은 자루를 막대에 묶어서 짊어지고 유럽에서 미국으로 건너와 대제국을 건설했다고 말했다.

초청 연사의 연설이 끝난 뒤, 한 남자가 그에게 다가와서 물었다. "막대 끝에 매단 자루에는 뭘 넣어 가지고 왔습니까?" 연사는 멋쩍어하면서 대답했다. "현금 2만 5천 달러와 100백만 달러 상당의 주식과 채권이요."

성공한 사람들은 모두 처음부터 가진 게 많았을 거라고 생각하면 마음이 편하겠지만, 사실 비전과 현명한 업무 습관은 성공을 위한 공식의 극히 일부분일 뿐이다. 다른 사람들의 도움은 없어서는 안 될 필수 요소이므로 항상 다른 사람과의 관계를 발전시키는 게 중요하다.

1920년대와 30년대 초에 미시간주 디트로이트에서 작은 화학 회사를 운영하던 이탈리아 이민자 가족이 있었다. 이 가족은 오랫동안 아주 작은 규모로 회사를 운영했는데, 실제로 욕조 형태의 작업대에서 제품을 생산해 가정과 기업에 팔았다.

당시는 대공황기여서 화학 회사는 재정적으로 어려움을 겪었다. 회계사였던 우리 아버지는 어떤 가톨릭 집안을 대신해서 유명한 고기 도축 회사를 운영하셨는데, 그 회사 소유주는 당시 암으로 죽어가고 있었다. 그리고 화학 회사 사장도 우리 아버지의 고객이었다.

어느 날 그 화학 회사 사장이 아버지를 찾아와, 자기 회사가 곤경에 처했는데 3천 달러를 구하지 못하면 파산하게 될 것이라고 말했다. 당시 어린아이였던 나는 우연히 이 대화 장면을 목격하게 되었다.

화학 회사 사장은 아버지에게 돈을 빌리는 대가로 50퍼센트의 이자를 주겠다고 했다. 아버지는 자신의 직업은 다른 회사에 투자하는 게 아니라고 말하면서 그에게 3천 달러를 건네주었다. 그러면서 돈 갚을 걱정은 말고 성공할 생각만 하라고 했다.

그 회사에서 판매하던 제품 이름은 로만 클렌저였다. 기억이 나지 않는 사람은 욕실 세정제 제조 회사인 클로락스를 떠올려 보라!!!

모든 일을 혼자서 해냈다고 하면 듣기에는 좋을지 몰라도, 성공한 남자 뒤에는 잔소리 많은 아내뿐 아니라 이해심 있는 친구들도 있다.

이런 글을 쓴 이유는 유명 인사나 번드르르한 이름을 내세우려는 게 아니라, 다른 사람을 돕기 위해 손을 내밀고 선행을 베푸는 실제 인물들의 이야기를 들려주기 위해서다. 이런 행동은 우리가 서로를 필요로 하고, 혼자 힘으로는 아무것도 할 수 없다는 것을 보여준다.

내 친척 중에 엔터테인먼트 업계에서 아주 유명한 경영자가 있는데, 그는 열심히 일하면서 주변의 도움도 많이 받아 본인과 가족을 위한 부와 명성을 쌓았다. 사실 그의 아내 쪽 가족들은 너무 가난해서 친척들이 도와줘야만 근근이 살아갈 수 있을 정도였다.

그는 매주 주말이면 지붕을 접을 수 있는 자동차에 자기 아이들을 태우고 운전석 햇빛 가리개에 고액권 지폐 수백 달러를 끼운 채로 로스앤젤레스의 가장 가난한 동네를 돌아다니면서, 길모퉁이에 모여 있는 노숙자들에게 지폐를 나눠주곤 했다.

왜 잘못된 일에 돈을 쓸지도 모르는 낯선 사람들에게 거액의 돈을 나눠주느냐는 질문을 받으면, 그 돈을 쓰는 방법을 놓고 이래라 저래라 하는 건 자기 일이 아니라고 답했다. 그들은 새로운 인생을 살아갈 기회를 얻고 자기가 나아갈 길을 스스로 택할 자격이 있다는 것이었다.

공동체의 모든 구성원은 자신의 재정 상태나 교육 수준, 인종, 종교적 신념에 관계없이 다른 사람을 도울 방법을 찾아야 한다. 돈이나 음식, 격려, 혹은 일할 기회 등 다양한 도움과 지원을 기꺼이 제공해야 한다. 그리고 이때 바랄 수 있는 보답은 순수한 애정을 품고 그들이 성공하는 모습을 지켜보는 것이다.

때론 죽는 게 낫지 싶을 때도 있겠지만, 살면 더 좋은 것을 경험할 수 있다

여러분이 10대 청소년이라고 가정해보자. 데이트도 하고, 학교도 가고, 재미있는 일도 하고, 때로는 스트레스도 받고…, 그리고 어느 날 만난 사람과 사랑에 빠져 함께 나이 들어가는 모습을 꿈꾼다.

잠을 자기도 하고 몽상에 빠지기도 한다. 독자 여러분은 "대체 뭐라는 거야?"라고 생각할지도 모르겠다. 하지만 꾹 참고 계속 읽다보면 다음과 같은 단어들이 보일 것이다.

나이와 질병은 심한 방해꾼이지만, 그래도 우리를 멈추게 하는 못한다. 나는 2012년에 다리 수술을 받은 후로 심한 통증이 지속되고 있고 어떤 약을 써도 통증이 줄어들지 않지만, 이것 때문에 목표 달성이나 행복한 삶을 사는 걸 포기하지는 않았다.

캘리포니아 엔시노에 있는 해럴드 슐바이스 데이 스쿨의 랍비

아비 타프는 한 연설에서 중요한 문제를 제기했다. 그의 유창한 연설은 종교적인 색채가 강하지 않고 이 책의 몇몇 주제를 훌륭하게 전달한다.

"미국은 개인에게 선택할 기회를 제공한다. 문제는 우리 같은 개인이 삶에 접근하는 방식이다."

다음 인용문은 시인이자 목사인 로버트 J. 헤이스팅스가 쓴 '기차역The Station'에 나오는 내용이다.

우리 잠재의식 속에는 목가적인 환상이 자리 잡고 있다. 때로는 대륙을 가로지르는 긴 여행길에 나선 자신을 꿈꾸기도 하는데, 지금은 기차로 여행 중이다. 근처 고속도로를 달리는 자동차들, 건널목에서 손을 흔드는 아이들, 멀리 떨어진 언덕에서 풀을 뜯는 소 떼, 발전소에서 뿜어져 나오는 연기, 옥수수와 밀이 줄지어 늘어선 평지와 계곡, 산과 완만하게 경사진 언덕, 도시의 스카이라인과 마을 회관 등 창밖으로 지나가는 경치를 넋 놓고 바라본다. 하지만 우리 마음속에서 가장 중요한 건 최종 목적지다. 그곳에서는 밴드가 노래를 연주하고 깃발이 나부낄 것이다. 그곳에 도착하면 우리의 꿈이 실현되고, 삶의 조각들이 퍼즐처럼 잘 들어맞을 것이다. 얼마나 오랫동안 기차 통로를 배회하면서 이 역에 도착하기만을 기다리고, 기다리고, 또 기다렸던가.

그렇다면 이 책을 읽고 싶어 하는 10대 청소년에게 다음과 같이 물어보자. '기차역'의 이어지는 내용이다.

역에 도착하면 그것으로 끝인가?
나는 울음을 터뜨릴까?
내가 열여덟 살이 되면?
새 450SL 메르세데스 벤츠를 사면?
막내 아이를 대학에 보내면?
주택 담보 대출금을 다 갚으면?
회사에서 승진하면?
은퇴할 나이가 되면?

여러분은 "어… 뭐라고요?"라고 되물을지도 모른다.

그러면 나는 이렇게 말할 것이다. 기차 통로를 돌아다니면서 거리를 계산하는 건 그만둬라! 그보다 더 많은 산에 오르고, 아이스크림을 더 많이 먹고, 맨발로 자주 돌아다니고, 더 많은 강을 헤엄치고, 더 많은 일몰을 보고, 더 많이 웃고, 눈물은 줄이자. 그런 식으로 인생을 보내야 한다. 그러다 보면 머지않아 역에 도착할 것이다.

그렇다, 우리는 태어났고 언젠가는 죽을 것이다. 자기가 살아갈 삶을 직접 선택하면 마침내 자기 자신과 화해하고, 우리가 알게 모르게 저질렀을 수도 있는 악행을 치유하고, 지금껏 살아온 세상보다 더 나은 세상을 만들었음을 아는 상태에서 마지막 목적지에 도착할 수 있다.

그 여정이 얼마나 성공적이었는지 판단하는 최종 분석은 여정이 완료된 후에만 할 수 있다.

그러려면 계획을 세워야 한다. 그리고 항상 즐기면서 살자. 인생은 다음과 같이 돌아간다.

마흔 살은 청춘의 노년이고, 쉰 살은 노년의 청춘이다.

_빅토르 위고

나이 들어도 도전할 일은 차고 넘친다

여러분이 내 나이가 되면, 마음은 여전히 어린아이 같을지 몰라도 몸은 그렇지 않을 것이다. 마음은 청춘인데 몸은 안 따라준다는 얘기다.

시간은 터무니없을 정도로 빨리 지나간다. 정말 그렇다. 그리고 모든 게 흐릿해진다.

아이들, 대학, 병, 다가오는 죽음… 이 모든 게 즐겁지만은 않지만, 이것이 현실이니 받아들여야 한다.

남은 시간도 지금까지의 인생처럼 몽롱하게 흘러가 버릴지 모른다. 여러분은 부디 이 책에서 도움이 되는 정보를 얻기 바란다.

이 책에 '버나드 오티스와 그의 지혜 모음'이란 제목을 붙이면 어떨까? 아니면, '어째서 이 말 많은 85세 노인은 이런 책을 써서 우리에게 훈계할 권리가 있다고 생각하게 되었는가!'라든가?

최근에 친구 마빈의 101번째 생일 파티에 참석했다. 그는 보행기에 의지해서 움직이고 눈도 잘 안 보이고 귀도 안 들리지만, 언제나 파티 분위기를 고조시키는 역할을 한다. 마빈은 일주일에 한 번씩 다른 노인들과 카드놀이를 하거나 다른 게임을 하는데, 거의 모든 게임에서 승리를 거둔다. 그는 오래 전에 삶을 포기할 수도 있었지만, 때가 올 때까지 인생을 즐기기로 결심했다.

미시간주 디트로이트에서 자란 나는 그 지역의 주요 일간지에 글을 기고하던 에드거 A. 게스트의 시를 읽으면 기분이 들뜨곤했다. 다음은 내가 가장 좋아하는 시인데, 평소 지갑에 이 시를 넣어 가지고 다니기도 한다.

그들은 이루어질 수 없는 일이라고 말했다

누군가 그건 불가능하다고 말했다. 하지만 그는 싱긋 웃으며 대답했다.

어쩌면 그럴지도 모르죠. 하지만 그는

해보지도 않고 지레 안 된다고 말하는 사람이 아니다.

그래서 웃음 띤 얼굴로 곧장 덤벼들었다.

그에게는 걱정하는 기색도 보이지 않았다.

그는 그 일과 씨름하면서 노래를 불렀고,

불가능해 보이던 일을 결국 해냈다.

누군가가 비웃었다. "넌 그 일은 절대 하지 않을 걸.

세상 누구도 해본 적이 없는 그런 일 말이야."

하지만 그는 코트와 모자를 벗어던지고

소매를 걷어붙이고 무작정 일을 시작했다.

턱을 쳐들고 싱긋 웃으면서

의심하거나 그만두지도 않고

그 일과 씨름하며 노래를 부르기 시작했고,

불가능해 보이던 일을 결국 해냈다.

수많은 사람이 그건 불가능하다고 말했고,

다들 실패할 것이라고 예상했으며,

그를 괴롭히려고 기다리는 위험을

하나하나 지적하는 사람도 많았다.

하지만 웃음 띤 얼굴로 곧장 덤벼들어

소매를 걷어붙이고 달려들고,

불가능하다는 일과 씨름하면서 노래를 부르기 시작하면,

결국에는 해낼 수 있다.

활동적이고 적극적인 정신 상태를 유지하면 수명이 몇 년 늘
어난다는 사실이 과학적으로 입증되지는 않았지만, 우리의 지식

과 능력을 활용하거나 새로운 일들을 시도하면서 삶에 적극적으로 개입하면 확실히 말년을 더 행복하게 보낼 수 있다는 증거는 많다.

이 주제를 연구하면서 알게 된 가장 흥미로운 사실 하나는, 내가 얘기를 나눈 젊은이와 노인 중 상당수가 자신은 신체적인 문제 때문에 어떤 일을 할 수가 없고 그래서 아예 시도해보지도 않았다고 말한 것이다.

그들은 그런 믿음 때문에 모든 신체 활동을 피하는데, 가끔 짧은 거리를 걷거나, 부상당한 손으로 그림을 그리거나, 다른 예술적인 작업을 하는 등의 신체 활동을 시도했을 때 그 일을 해낼 수 있는 경우가 있다. 자기는 어떤 일을 할 수 없다면서 스스로를 제약하면 삶을 즐기는 능력이 제한된다.

제프리 클루거는 2013년 9월 23일 자 〈타임스〉에 '삶의 기술'이라는 매우 흥미로운 기사를 썼다. 이 기사에는 〈메디컬 저널〉이 영국인 6만 8천 명을 대상으로 조사한 결과가 실려 있는데, 이에 따르면 비교적 가벼운 우울증을 앓는 사람은 심혈관 질환으로 사망할 위험이 29퍼센트 높아지고 암이 아닌 다른 질환으로 사망할 위험성도 29퍼센트 증가한다고 한다. 이 기사에 인용된 신경학자이자 UCLA의 정신과 교수인 조지 바조키스 박사는 "뇌가 얼마나 기능을 잘 하는지가 신체 기능에도 영향을 미친다"고 말했다.

마지막으로, 클루거는 〈BMC 퍼블릭 헬스〉에 발표된 연구 보고서에 따르면, 자기가 돕는 사람들과 직접 접촉할 수 있는 병원이나 무료 급식소 같은 곳에서 자원봉사를 하면 자원봉사를 하지 않는 이들에 비해 사망률이 최대 22퍼센트나 낮아진다"고 말했다.

생각해볼 만한 일이다.

매력적인 중년 부부가 결혼생활에 문제가 생겨서 결혼 상담가를 찾아가기로 했다. 그들은 상담실에 들어가 앉았다. 의사가 두 사람에게 질문을 던지자, 아내 쪽이 분통을 터뜨리면서 소리를 지르기 시작했다. 그러자 의사가 자리에서 벌떡 일어나 아내 쪽으로 다가가서는 그녀를 껴안고 매우 열정적인 키스를 퍼부었다.

그리고 다시 자기 자리로 돌아가면서 남편에게 말했다. "당신 아내에게는 일주일에 세 번씩 저런 게 필요합니다." 그러자 남편이 대답했다. "알겠습니다. 그럼 월, 수 금, 오후 3시에 아내를 여기로 데려오죠."

나이는 중요한 게 아니다.
사는 것을 멈추는 순간 인생도 끝난다

아직 죽을 때가 된 게 아니니까 긴장할 필요는 없다. 하지만 사는 것을 멈추는 순간 인생이 끝나는 건 사실이다.

> 삶에 대한 호기심과 탐구심을 잃어버린다면, 인생이라는 선물을 잃게 될 것이다.
>
> _제임스 C. 흄즈

모리스 맨델 박사는《연설가들을 위한 이야기Stories for Public Speakers》라는 책에서, 위대한 철학자 존 듀이가 90세 생일 직전에 어떤 기자와 나눈 이야기를 들려준다.

기자가 물었다. "당신 사상의 장점은 무엇입니까? 그걸 통해 어떤 경지에 도달할 수 있습니까?"

듀이는 조용히 대답했다. "산에 오르는 것의 장점과 비슷하지요."

"산에 오른다고요?" 기자가 물었다.

"산에 올라가면 뭐가 좋은데요?"

"다른 산을 볼 수 있지요." 그리고 듀이는 이렇게 덧붙였다. "다른 산을 보려고 산에 오르는 일에 관심이 없어지면 인생이 끝나는 겁니다."

나이가 들어 인생 막바지에 다다를 때까지 인생에 눈을 감고 사느라, 매일 새로운 도전과 새로운 모험, 행복하고 유용한 삶을 살 수 있는 새로운 기회가 생기는 걸 보지 못하는 사람이 너무나 많다. 양로원이나 노인 주거 시설, 혹은 그와 비슷한 곳에서 이런 모습을 자주 본다.

오랜 기간 간병 자원봉사를 하면서 선천적 결함이나 질병, 사고, 노화 때문에 죽음을 앞둔 사람을 많이 접해봤다.

그들 중 인생을 도전으로 받아들이면서 매일 즐거운 마음으로 다음 날을 기대하는 사람들이 가장 행복하게 오래 살았다. 그들은 새로운 모험을 추구했고, 새로운 활동을 시도했으며, 작가 레티 코틴 포그레빈이 최근에 로스앤젤레스에서 열린 저자 사인회에서 말한 것처럼, "평범한 대우를 받길 원했다." 그들은 죽음을 두려워하지 않았고 자신의 신체적 혹은 정신적 장애에도 불구하고 매일 기쁜 마음으로 살 수 있다는 사실에 즐거워했다.

> 영원은 죽은 뒤 내세에 찾아오는 게 아니라 우리 일상생활
> 속에 존재한다.
>
> _랍비 에드워드 파인스타인, 캘리포니아 엔시노의 밸리 베스 샬롬

우리는 쾌락이 아니라 자기에게 개인적으로 의미 있는 것에서
인생의 추진력을 얻는다고 한 유명한 로고테라피 치료자 빅터 프
랭클은,《죽음의 수용소에서》라는 책에 이렇게 썼다.

"인간은 단순히 존재하기만 하는 게 아니라 항상 자기 존재가
어떻게 될 것인지, 다음 순간에 무엇이 될 것인지를 결정한다."

프랭클은 상당히 좋은 지적을 했다. 기본적으로 인생은 비극
과 시련, 질병, 불확실성, 죽음으로 가득 차 있는데, 대체 어떻게
낙관적인 태도를 유지할 수 있단 말인가?

물론 프랭클의 현명한 지적처럼, 우리가 웃을 이유를 찾듯이
행복할 이유도 찾아야 한다. 그렇다, 인생은 도전이다. 하지만 인
간에게는 그 도전에 응하고 의미 있는 삶을 살 수 있는 내면의
힘이 있다.

일반적으로 작가가 이 책 같은 프로젝트를 진행할 때는 자기
가 글을 쓰는 주제와 관련된 경험을 한 사람들을 연구하고 인터

뷰하는 데 많은 시간을 보낸다. 실제로 나도 그렇게 했기 때문에, 어떻게 생각하면 과거에 그런 경험을 해봤거나 지금 이 순간에 겪고 있는 가까운 가족이 있다는 게 행운이기도 하다. 그들은 건강이나 신체, 혹은 다른 부분에 발생한 문제에 대처해야 하는 상황에 놓이더라도, 육체와 정신을 활발하게 유지하면서 매일 최대한 열심히 살려고 노력하면 많은 기쁨을 얻을 수 있다는 사실을 자기만의 방식으로 증명한다.

다음은 이와 관련된 두 가지 사례다.

아흔 살 넘게 산 사촌 베시는 그동안 온갖 의학적, 신체적 문제를 겪었지만, 죽는 그날까지 충만한 삶을 살다가 갔다. 그녀는 두 번의 결혼생활을 끝낸 뒤에도 사교와 독서, 쇼핑을 즐기고 항상 새로운 모험과 기회를 찾아다녔다.

베시는 거의 걷지 못하게 된 상황에서도 요양원에 들어가는 걸 거부했고, 자녀나 가까운 주변 사람들이 반대했음에도 본인의 재정 관리나 다른 개인적인 문제들을 직접 처리하겠다고 고집했다.

베시가 처리할 서류 작업이 너무 많다고 불평하기에, 나는 농담 삼아 그녀의 돈 관리를 맡겨주면 서류 작업을 대신 해줄 수 있다고 제안했다. 그리고 우리 둘 다 이 농담에 신나게 웃었다.

그리고 캘리포니아 셔먼 오크스에 사는 사촌 진 골드버그는 내가 가장 존경하는 여성 중 한 명이다. 현재 80대 초반인 진은 예전에 막내딸을 낳다가 뇌졸중을 겪은 뒤로 휠체어 생활을 하게 되었다. 그래도 간병인과 함께 집에서 생활하면서 외모를 멋지게 가꾸고 행복한 모습으로 살아가면서 밖에 나가 인생의 모든 부분에 활발하게 관여하고 있다. 진을 만나러 가면, 온갖 장애물에도 불구하고 인생을 살아간다는 게 얼마나 멋진 일인지 깨닫게 된다.

이건 인생이란 선물이 얼마나 소중한지 이해하고 일분일초를 의미 있게 살아가는 사람들의 몇 가지 예일 뿐이다. 우리가 더 이상 머리를 사용하지 않고 자신의 신체적, 사회적 활동을 제한한다면 그건 곧 삶을 중단하는 것이나 마찬가지다.

관계는 소중한 자산 중 하나다

삶의 의지를 더하는 것들 가운데 가장 가치 있는 건 애정이 담긴 사회적, 개인적 관계다. 나는 노인들을 통해 진실을 몇 번이나 확인했다. 두 사람이 같이 살면 삶의 질이 높아진다. 말년에 장기 요양 시설에 들어간 사람들이 서로 도우면서 함께 즐거운 시간을 보내는 모습을 보면 놀라울 정도다.

마르틴 부버는 《나와 너》라는 책에서 '나와 그것' 대 '나와 너'의 관계에 대해 얘기한다. 혼자 살고 친한 친구도 없는 사람은, 나는 '나'고 나 이외의 모든 사람은 다 '그것'이다.

평소 스치듯 접촉하는 이들과는 아무런 관계도 없지만, 누군가와 관계를 맺고 서로 알게 되어 어떤 의미에서든 우정을 느끼게 되면, '그것'이 '너'가 되고 우리는 더 이상 혼자가 아니다.

"매일 모르는 사람들하고만 접촉하면서 자기 삶의 질을 높일 수 있는 친밀한 관계를 맺지 않으려고 한 적이 얼마나 많은지." 자문해보자.

존과 사라의 재미있는 이야기

존이 몸이 안 좋아서 사라가 그를 병원에 데려갔다. 진찰이 끝나고 존이 탈의실에서 옷을 갈아입는 동안 의사가 사라를 불러서 말했다.

"존은 뇌졸중이나 심장마비에 걸리기 쉬운 상태이니 당신이 잘 돌봐줘야 합니다. 매일 그가 퇴근하고 돌아오면 아무것도 시키지 말고 그냥 쉬게 하세요. 저녁을 아주 잘 차려 먹이고 일주일에 적어도 세 번은 성관계를 맺으시고요."

의사가 나가자 존이 탈의실에서 나와 의사가 뭐라고 했느냐고 물어봤다. 사라가 대답했다.

"당신이 곧 죽을 거라고 했어."

아름답게 나이 들게 하소서. 수많은 멋진 것이 그러하듯이. 레이스와 상아와 황금, 그리고 비단도 꼭 새것만이 좋은 것은 아닙니다.

오래된 나무에 치유력이 있고, 오래된 거리에 매력이 있듯이,

이들처럼 저도 나이 들어가면서 더욱 아름다워지게 하소서.

_칼 윌슨 베이커

삶을 포기하면 죽기도 전에 생명이 끝날 수 있다. 삶을 즐기고 다른 사람들을 가르치고 모든 일이 자연스럽게 일어나기까지 기다리는 능력을 활용하지 않으면 삶이 끝나버릴 수도 있다.

루스와 버트는 아주 멋진 커플로 애정이 넘치는 대가족을 뒀다. 이들은 80대 후반인데 결혼한 지는 18년쯤 됐다.

버트는 건강에 여러 가지 문제가 있고 잘 걷지 못해서 전기 카트를 사용한다. 신경 장애 때문에 통증이 심하지만, 그래도 그들은 행복하게 사랑을 나눈다. 루스는 본인도 노화로 인한 문제들을 겪고 있지만, 버트가 최대한 편안하게 지낼 수 있도록 최선을 다한다. 어떤 날은 두 사람 다 견디기가 매우 힘들지만 그들은 더없이 행복하고 함께 있으면 매우 즐거운 커플이다. 그들은 아름다운 삶을 선택한 이들의 완벽한 본보기로, 이런 상황에서도 얼마든지 인생을 즐길 수 있다는 걸 매일같이 증명한다.

당장은 남보다 못한 것 같아도
가족은 가족이다

여호와께서 카인에게 이르시되 네 아우 아벨이 어디 있느
냐 그가 이르되 내가 알지 못하나이다 내가 내 아우를 지
키는 자니이까.

_창세기 4장 9절

우리는 우리 형제를 지키는 자인가? 이건 인류가 역사 이래로
계속 대답을 갈구해 온 질문이다. 랍비 셸던 짐머만이 《현대인의
토라 주해The Modern Men's Torah Commentary》에서 지적한 것처럼, 이
질문은 토라에서 신을 향해 던진 첫 번째 질문이다.

독자 여러분 중에는 종교가 없는 사람도 있을 것이다. 상관없
다. 여기서 얘기하려는 건 그냥 가족에 관한 문제니까.

솔직히 말해, 삶과 죽음의 과정에서 가족 관계를 유지하는 것

보다 더 중요한 문제는 없다.

하지만 역으로, 여러분이 결혼은 했지만 자녀는 없다고 가정해보자. 개나 고양이를 기를 수도 있다. 아니면 작은 앵무새라도.

이들도 모두 가족이다.

본 장에서 논의하는 문제들을 처음부터 제대로 다루지 않는다면, 자원이나 삶의 의미와 관련해 이 책에서 제공하는 다른 정보 모두 노화와 관련된 중요한 문제들을 해결하는 데 별로 도움이 되지 않을 것이다.

도전은 삶의 일부지만 불필요한 도전까지 받아들여서는 안 된다. 우리는 개인적으로나 집단적으로나 문제를 최소화할 방안을 마련하고 자신에게 주어진 시간을 즐길 능력이 있다.

가족 사이에도 이런저런 의견 차이와 질투, 오해가 있게 마련이다. 그런 문제들을 진지하게 생각해보면, 사실 우리를 갈라놓는 몇몇 문제는 사소한 것이다. 하지만 우리는 모두 형제자매이므로 결국에는 서로를 책임지게 될 것이다.

우리 자신이나 가족이 언제 갑자기 파킨슨병이나 치매, 알츠하이머병, 기타 만성 질환에 걸릴지 알 수 없는 일이다. 이런 병은 병에 걸린 당사자뿐만 아니라 모든 걸 포기하고 간병에만 매달려야 할지도 모르는 배우자나 가족에게도 엄청난 피해를 준다. 집에서든 요양원에서든, 가족이 전업 간병인이 되는 순간 애정 어린 관계는 끝나고 외로움과 감정적인 스트레스가 그 자리를 대신하게 될 수도 있다.

배우자 중 한쪽의 죽음이나 알츠하이머병 같은 심각한 질병 때문에 오랫동안 지속된 결혼생활의 기쁨이 끝나면, 상대 배우자는 이제 건강과 재정 문제, 기타 손실에 대처하느라 정신적, 육체적으로 긴장하게 된다.

아이들에게 잘해줘라. 결국 그 애들이 훗날 여러분이 살 요양원을 선택하게 될 테니까.

_익명

이렇게 스트레스가 심한 상황을 피하거나 적어도 최소화하기 위해, 결혼생활 초반부터 해둬야 하는 일이 여러 가지 있다. 이건 관련된 모든 이의 삶을 행복하게 해줄 뿐만 아니라, 연로한 가족 친지의 요구나 우리가 나이 들어가면서 생기는 요구를 충족시킬 토대를 마련해준다.

가족들은 파트너의 문제를 처리해야 한다는 부담감이나 자신의 노화 과정 때문에 환자의 건강이 악화될 가능성을 미리 고려해야 한다.

미국 질병통제예방센터와 다른 수많은 명망 있는 기관에서 실시한 최근 연구 결과를 보면, 주요 질병으로 사망한 사람의 배우자는 자기 배우자가 사망한 뒤 단기간 내에 사망하는 경우가 많다고 한다. 이런 상황에서 발생 가능한 여러 가지 문제를 피할 수 있도록 모든 일을 미리 법정 대리인과 의논하고 적절히 문서화해둬야 한다.

1991년에 안나와 나는 친구들이 많이 사는 영국으로 여행을 다녀왔다. 집에 돌아와서 부재중 전화 메시지를 확인해보니 여든세 살인 안나의 아버지가 그날 뇌졸중을 일으켰다고 했다. 우리 둘 다 완전히 기진맥진한 상태였지만 장인이 입원한 병원까지 210킬로미터를 운전해서 찾아가, 그날부터 장인이 사망할 때까지 여러 달 동안 비용이 많이 드는 간병에 돌입했다.

장인의 치료를 위해 우리가 가진 돈을 쏟아붓고 있을 때, 안나의 마흔두 살 된 막내 여동생이 치료가 불가능한 유방암을 앓고 있다는 걸 알게 되었다. 그녀는 두 번 이혼했고 열아홉 살과 열두 살 된 두 아들이 있었다.

그들은 우리 집에서 가까운 곳에 살았기 때문에 우리 부부는 조카들과도 꽤 친하게 지냈다. 그래서 시티 오브 호프 병원에서 안나의 여동생에게 살날이 얼마 안 남았다는 얘기를 듣고는 곧바로 그 집 막내아들을 입양하기로 결정했고 실제로 아이를 입양하는 절차를 밟았다. 하지만 그 결정이 우리 모두에게 끔찍한 불행을 안겨주었기 때문에, 결국 우리는 그 아이를 위해 다른 방법을 찾아야 했다.

일이 그렇게 된 이유는 중요하지 않다.

다만 이 두 가지 사건과 가족에게 닥친 몇 가지 다른 비극 때문에 우리 부부의 재정은 문자 그대로 완전히 파탄났다. 다행히도 우리는 일을 계속하고 있었으므로 결국 이 문제를 극복할 수 있었다. 지금도 그렇지만 당시 우리는 스스로를 형제들의 보호자라고 여겼는데, 그 말은 곧 형제자매들을 전부 돌봐야 한다는 얘기다.

이렇게 비용이 많이 드는 사건, 즉 노인의 질병과 죽음, 아이가 있는 미혼모의 갑작스러운 질병과 죽음 같은 문제를 가족들끼리 미리 의논하고 계획을 세워두면 재정 유출을 최소화할 수 있다.

모든 사람에게는 선하게 살거나 악하게 살 수 있는 선택권이 있다. 퍼즐 조각을 테이블에 펼쳐놓고 무작정 맞추려고 하면 그게 어떤 그림인지 파악하기가 어렵다. 하지만 퍼즐 조각이 들어 있던 상자에 인쇄된 그림을 보면 그 퍼즐을 어떤 식으로 조립해야 하는지 이해할 수 있다.

안타까운 일이지만, 살다 보면 자기 가족을 구하기 위해 평소 신념과는 반대되는 행동을 해야 하는 상황이 가끔 생긴다. 때로는 다른 가족을 보호하려다가 결국 본인이 해를 입고, 사랑하는 이들의 존경심을 잃고, 평생 마음 고생을 하게 된다. 슬프지만 그건 그들의 선택이고 그들이 져야 할 짐이다. 가족들은 자신을 퍼즐 상자에 인쇄된 그림이라고 생각하면서, 흩어진 조각을 다시 맞춰서 필요할 때 곁에 있어줄 방법을 찾아야 한다. 인생의 전체적인 계획에 비춰보면 정말 어리석고 사소한 문제 때문에 가족 관계에 금이 가기도 하는데, 나로서는 도저히 이해할 수 없는 일이다.

사이가 갈라진 가족들의 가장 큰 분열 이유는 다음과 같은 것들이다.

종교적 차이

대부분의 경우 서로를 사랑하라고 가르치는 종교가, 어려운 시기에 다른 사람을 돕고 우리에게 강하게 성장하라고 독려하는 종교가 어떻게 그런 험악한 분위기를 조장할 수 있단 말인가?

나도 안다, 이게 매우 심각한 질문이고 어떤 면에서는 이 책의 범위를 벗어난다는 걸. 어쨌든 이 문제의 핵심을 한번 짚어보자.

최근에 어떤 가족에 대한 얘기를 들었는데, 그 집 딸은 신앙심이 매우 깊은 남자와 결혼했다고 한다. 딸의 부모는 신앙심이 별로 깊지 않았기 때문에 딸의 집에 찾아가거나 그 집에서 함께 식사를 할 수가 없었다. 안타깝게도 이 딸은 50대에 암으로 사망했는데, 그녀를 사랑하는 부모님은 마지막 순간까지도 딸과 함께 시간을 보낼 수가 없었다.

유감스럽게도 주변에서 이런 경우를 자주 볼 수 있다. 하지만 좀 더 수용적인 태도를 보여주는 다른 사례도 있다. 이 사례는 모든 일이 잘 풀릴 수도 있다는 것을 증명한다.

서로 다른 종교를 믿는 남녀가 가족이 되었다. 그들은 결혼한 지 35년이 다 되어가는데 아직 서로를 깊이 사랑했다. 그 집 아이들은 어머니 쪽의 종교를 믿으며 자랐지만, 아버지의 종교적 양육 방식에 대해서도 매우 잘 알고 있었다. 그 가족은 또 두 가지 종교의 축일을 모두 기념했다.

이렇게 성공적인 사례를 보면, 가족 관계가 왜 이런 문제 때문에 파괴되어야 하는지 이해할 수 없다. 우리 삼촌과 숙모는 정치적 신념이 서로 다르지만 50년 넘게 행복한 결혼생활을 했다.

내 결론은 자신도 살고 남들도 살게 하라는 것이다. 사람은 천성적으로 다 다른 존재다. 그러니 모두가 복제 인간처럼 똑같이 살리라고 기대할 수는 없는 일 아닌가?

인종 문제

매우 행복한 가정에서 자란 딸이 자신과 다른 인종의 남자와 사랑에 빠져 그와 결혼했다. 그녀는 아버지의 편견을 알고 있었기 때문에 두 사람의 관계를 아버지에게 숨겼다. 마침내 둘의 관계가 공개되었을 때, 아버지는 자기 딸이나 그녀의 멋진 남편과 함께 어울리는 것을 거부했다.

앞의 "종교적 차이"를 참조하라. 이건 그것과 똑같이 말도 안 되는 행동이다.

"사생아" 출산

이건 특정 세대가 하던 말이다. 요즘 사람들은 이제 이런 표현을 쓰지도 않는다.

하지만 우리 목적을 위해서 어쨌든 이 얘기를 좀 해보자. 젊은 여성이 사랑하는 남자나 가벼운 관계를 맺은 남자를 통해 "결혼하지 않은 상태"에서 임신하면, 가족들은 이 문제에 대처하는 데 어려움을 겪는다. 그리고 부모와 가족, 친구들의 다정한 포옹과 사랑이 필요한 시기에 아이와 연을 끊는 일이 자주 발생한다.

이런 내용을 싣는 것 자체가 '고리타분한' 허튼소리처럼 느껴진다는 걸 인정한다. 하지만 난 여든이 넘었고, 이건 내 책이니까, 내가 원한다면 이런 얘기를 좀 해도 상관없지 않겠는가!

각설하고… 내 의뢰인이 말하길, 자기 딸이 임신해서 미 대륙 건너편에 사는 사촌 집으로 이사를 갔다고 했다. 왜 그렇게 됐느냐고 이유를 묻자, 자기와 아내는 "사생아"를 가진 딸과 어떤 관계도 맺고 싶지 않다는 것이었다.

나는 그의 행동은 잘못된 것이며, 이럴 때일수록 딸을 받아들이고 사랑을 표현해야 한다고 말했다. 그 후 안나의 병 때문에 그를 1년 가까이 못 만났다. 오랜만에 만난 그에게 딸과 연락은 하는지, 딸과 손자는 어떻게 지내는지 물어보자 그는 내 충고를 받아들여서 지금은 가족이 모두 함께 살고 있다고 말했다. 다들 더할 나위 없이 행복하다고 한다.

이혼과 양육권 문제

일에서는 크게 성공했지만 아주 불행한 결혼생활을 한 젊은 여성이 있다. 그녀는 남편과 이혼했고, 그 과정에서 시가 식구들 및 다른 가족들과 더 이상 만나거나 얘기를 나누지도 않게 되었다. 그녀는 이 결혼에서 낳은 아들을 혼자 키우는데, 지금 10대 초반인 아이는 지역사회 활동에 매우 적극적으로 참여하고 있다.

그녀는 아들에게 헌신하면서도 성공적인 경력을 계속 유지했다. 그렇게 몇 년간 소원하게 지내던 시가 식구들이 어느날 그녀에게 연락해 화해를 청했다. 그녀는 아들이 마침내 자기 친조부모와 친가 식구들을 만나게 된 것에 뛸 듯이 기뻐하면서 그날을 행복하게 고대했다. 인생이란 모름지기 이래야 하는 법이다.

가족은 언제나 가족이니까.

가족 지원 시스템의 필요성을 보여주는 또 다른 예는, 오랫동안 행복하게 살던 부부가 어느 날 갑작기 질병이나 노화, 혹은 배우자의 죽음 때문에 삶이 붕괴되고 생존마저 힘든 상황에 놓이는 것이다. 경제적인 이유 때문이든 다른 이유 때문이든.

이런 문제를 최소화하려면 가족 모두가 여정 초반부터 함께 일하고, 함께 사랑하고, 함께 계획을 세우는 것보다 더 좋은 방법이 있을까?

물론 누구나 가끔은 다른 가족과 심하게 다투거나 나쁜 감정을 품거나, 혹은 가족 관계에 부정적인 영향을 끼치는 일을 저지르기도 한다. 하지만 이 문제를 진지하게 고민해보면, 가족을 갈라놓거나 절친한 관계에 찬물을 끼얹어서 위기가 닥쳤을 때 서로의 곁에 있어주지 못하게 될 만큼 끔찍한 일이 뭐가 있을까?

없다. 그렇게 지독한 일은 아무것도 없다.

여기에서 이 장을 끝내려고 했는데, 라디오에서 어떤 이야기를 들었다.

　자녀와 손주를 몇 명 둔 가족이 있다. 그중 한 딸은 신체 장애가 있는 어린 아들을 키운다. 그 가족은 몇 년 동안 서로 연락도 없이 살았는데 지금 그 소년이 죽어가고 있다. 소년은 라디오 인터뷰를 통해 자기가 천국에 가기 전에 가족들이 돌아와주기를 간청했다.
　정말 슬픈 일이다.

함께 늙어가는 친구가 있다는 건 축복이다

"특별 보도 내용이 있어서 본 프로그램을 중단합니다…."

나는 2013년 7월 14일 일요일에 텔레비전으로 CNN 방송을 보면서 이 글을 쓰고 있다.

중국 정부가 막 새로운 법을 통과시켰다는 보도가 나오고 있다. 이 새로운 법은 요양원에 사는 노인의 가족들은 적어도 두 달에 한 번씩 사랑하는 가족을 방문하도록 의무화했다.

방송국은 이걸 특별한 보도 내용인 양 전하고 있다.

이건 매우 흥미로운 동시에 슬픈 일이기도 하다. 가족끼리 서로 돕도록 하기 위해 그걸 의무화하는 법이 통과되다니. 그들이 더 이상 서로 돕지 않게 된 이유와는 상관없이 말이다.

이 얘기는 바로 앞 장에서도 했지만, 뉴스를 보고 너무 놀란 탓에 따로 더 얘기하려고 한다. 우리 사회가 이지경까지 왔단 말인가?

사랑하는 이들은 나이를 먹어가는데 우리 사회는 갈수록 빠르게 변하고 있으니, 사람들 사이의 물리적, 정신적 거리 때문에 외로움과 슬픔을 느끼는 노인이 많다.

젊은 독자들이여, 이게 우리 코앞에 닥친 솔직한 현실이다. 여러분도 이 고통을 느낄 수 있을 만큼 나이가 들면 이해하게 될 것이다. 우선은 이해하도록 노력해보길 바란다. 그게 내가 부탁할 수 있는 전부다.

요양원을 '베이비시터' 삼아 병든 가족이 죽기를 기다리면서 그가 모은 돈으로 인생을 즐기는 사람이 많다. 어떤 요양원이든 가보면 이런 일이 실제로 일어나는 모습을 볼 수 있다.

우리 사회에는, 노인들의 욕구에 중대한 영향을 미치는 변화가 서서히 진행되고 있다. 노인을 돌보는 일에 관여하는 사람들은 대부분 다음과 같은 사실을 알고 있다.

① 자기가 돌보는 노인 중에는 자녀가 없는 이가 많기 때문에, 이들은 가까운 친구나 가족에게 전적으로 의지해서 보살핌을 받아야 한다.

② 노인 환자들 중 상당수는 결혼한 적이 없거나 이혼한 상태다. 이 때문에 다른 사람에게 더 의존하게 된다.

③ 요양 시설 입소 비용이 빠른 속도로 증가하는 탓에, 그곳에

서 지낼 금전적 여유가 없는 사람이 많아지고 있다. 재정이 고갈되는 일이 자주 발생한다.

노인 삶의 질은 신체적 조건만큼이나 사랑하는 이들과의 관계에 따라서도 많이 좌우된다. 노인이 가장 원하는 것은 자기가 여전히 가족들에게 중요한 존재고 그들의 일부라고 느끼는 것이다.

그들에게 진짜 가족이 없다면, 가족 대신 '친구'라는 단어를 그 자리에 집어넣을 수 있다. 친구도 없다면… 글쎄, 아마 이 책을 너무 늦게 만난 모양이다.

모든 형태의 우정은 노인이 인생 여정을 계속하는 동안 활기찬 기분을 유지하는 데 도움이 된다. 그들을 밖에 데리고 나가거나, 일상생활에서 벗어나게 해주거나, 그들을 돌볼 시간을 내기 어려울 수도 있다. 하지만 우리가 사랑하는 노인들은 대부분 우리를 위해 자신의 삶을 바친 이들이고, 그들도 당시에는 우리처럼 시간이 부족해서 쩔쩔맸다. 이제 우리가 보답할 차례다.

부모는 아이가 되고, 아이는 부모가 된다.

2000년대 초에 내가 다니는 유대교 회당에서 운영하는 환자 간병 모임의 책임자로 자원했다. 캘리포니아 엔시노의 밸리 베스 샬롬에서 일하는 내 절친한 친구이자 훌륭한 랍비인 에드워드 파인스타인이 전화를 걸어 루게릭병을 앓는 자기 친구의 가족을 도와줄 수 있느냐고 물었다.

게리는 매우 유명한 전문직 종사자로 부인과 이혼하고 혼자 살면서 간병인을 고용했고, 장성한 아들도 두 명 있었다. 그는 휠체어에 의지해 생활하면서 늘 튜브를 통해 영양을 공급받았다. 또 더 이상 말을 할 수 없는 상태라서 컴퓨터 프로그램을 통해 의사소통을 했다.

나는 게리의 가족과 만나 그의 상태를 알아보고, 생의 마지막까지 그가 어느 정도 정상적인 상태를 유지하려면 어떻게 해야 할지 의논했다. 이 만남을 통해 게리와 나는 1년 반 동안 정다운 관계를 유지했다.

나는 새 친구를 사귀었다. 친절하고 사랑스러운 새 친구를.

알고 보니 게리는 우리가 만나기 한참 전에 우리 아이들이 다녔던 여름캠프에서 캠프 상담사로 일했다고 한다.

게리와 나는 매주 수요일마다 3시간씩 함께 시간을 보냈는데, 그때 우리는 삶과 죽음에 대한 그의 생각을 주제 삼아 토론하거나, 여러 가지 카드 게임을 하거나, 가족 관계에 대한 의견을 나누었다. 브라유 점자 연구소에 부탁해서 게리에게 오디오북을 보내기도 했다.

명상 교사 자격증이 있는 안나는 일주일에 한 번씩 게리를 찾아가 명상을 통해 고통을 완화하는 방법을 가르쳤다.

당시 우리에게는 걱정되는 일이 세 가지 있었다. 첫째, 게리의 가족들은 가끔 그와 함께 외출하고 싶어 했지만, 게리는 모르는 사람들 앞에 자기 상태를 드러내는 걸 불편해했다. 둘째, 그의 가족 중 한 명이 몇 달 후에 결혼할 예정이었는데, 그는 예식에 참석하는 것도 주저했다. 마지막으로, 종교 축일이 다가오고 있었지만 그는 예배에 참석하고 싶지 않다고 했다.

우리는 이 문제를 전부 해결했다. 게리가 원하는 바를 이루고 싶어 하듯이 다른 가족들도 그와 함께 가족 행사에 참석해서 사랑과 헌신의 마음을 나누고 싶어 한다는 걸 깨닫도록 했다.

교통편이나 도와줄 사람, 좌석 배치, 행사와 관련된 수많은 시설에 입장하는 방법 등을 신중하게 계획한 덕에, 그는 이후에 진행된 다양한 가족 행사에 참여할 수 있었다.

처음에 게리는 마지못해하면서 아들 결혼식에 참석하기로 동의했다. 하지만 결혼식 다음 날, 그는 눈물을 글썽이면서 그날이 자기 인생에서 가장 의미 있는 날 중 하루였다고 말했다. 그리고 그를 유대교 신년제 예배에 데려간 날, 게리가 주위를 에워싼 가족들과 함께 자랑스럽게 앉아있는 모습을 본 사람들은 모두 눈시울을 촉촉이 적셨다.

애석하게도 게리는 내가 응급 심장 수술을 받은 다음 날 세상을 떠났다. 나는 마치 형제를 잃은 듯한 기분이었다. 게리의 장례식에 다녀온 안나는 가족들이 자기를 따스하게 맞아줬고, 게리의 여정이 행복한 결말을 맞게 되어 가족들이 정말 안심했다고 전해줬다.

게리, 내 친구, 자네가 무척이나 그립다네. 자네가 그토록 오랫동안 느꼈던 거리감을 줄이는 데 내가 조금이나마 도움이 되었길 바랄 뿐이야.

인간의 뇌는 캐비닛에 들어있는 변색된 금 조각 같다. 꾸준히 사용하지 않으면 밝은 빛을 유지할 수 없다. 그러니 행동하기 전에 생각하고, 다른 사람이 당신을 대하는 것처럼 당신도 다른 사람을 대해야 한다.

-누가 한 말일까? 바로 나다.

중병을 앓는 이들뿐만 아니라 죽은 사람의 가족이나 친구가 겪는 가장 힘든 일을 하나 고른다면, 아픈 사람을 병문안하거나 남아있는 가족에게 조의를 표할 때 겪는 '트라우마'일 것이다.

이와 관련된 조사를 하는 동안, 자기가 사랑하는 사람을 잃었는데도 친한 친구라고 여겼던 이들이 전화를 걸지도 않고 찾아오거나 알은 체하거나 관심을 보이지도 않아서 매우 화가 났다고 말하는 사람이 많았다.

죽음에 대해 얘기하는 걸 피하는 것처럼, 병문안을 가거나 장례식에 참석하거나 상을 당한 사람을 만나야 할 때 슬픔에 잠긴 사람에게 다가가거나 손을 뻗는 걸 두려워하는 이가 많다. 그래야 한다는 걸 알면서도, 자기가 잘못된 말이나 행동을 할까 봐 두려워 죄책감을 느끼면서도 행동을 피하는 것이다.

누구나 한 번쯤은 이런 경험을 한 적이 있다. 이런 상황에 대처하는 개인의 방식 때문에 친밀한 우정이나 멋진 관계가 긍정적 혹은 부정적으로 영향을 받은 경우가 수없이 많다.

고통과 겪는 이들 중에는 자신의 시련에 대해 말하고 싶어 하지 않거나 친구들의 반응을 못마땅해 하는 이도 있다. 자원봉사나 개인사 때문에 간병을 해봤거나 본인이나 가족의 질병과 노화 때문에 비슷한 문제를 겪어본 사람들은 이런 상황에 처한 이들이 타인과 상호작용을 할 때 다음과 같은 세 가지를 원한다는 데 대부분 동의한다.

① 사생활 보호

중병을 앓는 사람들은 자기 상황이 온 세상에 알려지는 걸 원치 않는다. 물론 가족과 친구, 지인들이 자기를 걱정한다는 것을 아는 건 중요하지만, 그들은 사생활을 방해하지 않는 방식으로 마음을 표현해야 한다.

전화나 개인적인 편지, 그리고 상황이 괜찮은 경우 가족과의 짧은 접촉그들이 늘 환자를 생각하고 걱정한다는 것을 알리기 위한 정도는 괜찮다.

② 평범한 태도

아픈 사람이 가장 원하는 것 중 하나가 바로 '평범한 상태'다. 우리는 인생의 어느 시점에서든 자기가 혼자가 아니라는 것, 그리고 자기가 주변 사람들의 삶이나 세상에 관여하고 있다는 걸 알고 싶어 한다. 주변 사람이나 간병인들이 다양한 질병과 위기를 겪는 이들을 도와줄 때는 이 사실을 명심하는 것이 가장 중요하다.

③ 집중력. 그리고 집중하는 대상이 '우리'가 아니라 '그들'이어야 한다.

아픈 사람과 얘기하거나 병문안을 갔을 때는 자기가 병을 앓았던 일이나 다른 사람의 경험비슷한 건강 문제를 겪은 사람 등에 대해 얘기해서는 안 된다.

환자가 자기 상황을 얘기하는 동안 조용히 귀를 기울이자. 그의 어깨에 부드럽게 손을 얹거나 손을 마주잡고 주의 깊게 들어줘야 한다.

여러분이 사랑하는 사람을 문병 갈 때 친구가 같이 가도 되겠느냐고 물어보면, 방문하는 동안 자기 얘기나 경험담을 늘어놓지 말고 그 사람에게만 집중해야 한다는 얘기를 꼭 해두자. 또 얼마나 오래 머물 수 있는지도 미리 말해둬야 한다.

아이린 윈스턴은 내가 만나본 여자 중에서 가장 활발한 사람이다. 90대인 그녀는 이제 혼자 걸을 수 없고 셀 수 없을 정도로 많은 병을 앓고 있다. 최근까지는 친구들이 일주일에 두 번씩 그녀가 사는 요양원에 놀러 와서 같이 카드 게임을 하며 시간을 보냈다.

또 아이린은 같은 요양원에서 지내는 사람들과 매주 정치 토론을 벌이기도 한다. 그녀의 가족들은 이 놀랍도록 다정한 사람을 격리시켜서 "삶의 고리에서 벗어나게" 할 만큼 어리석지는 않았다.

그런 아이린이 심하게 넘어지는 바람에 새로운 요양원으로 옮기게 되었다. 그녀를 만나러 갔더니, 그 나이대의 누구보다 정신이 맑고 여전히 열정적인 모습이었다. 걸을 수가 없어서 더 많은 도움이 필요해지긴 했지만, 여전히 자기 의지대로 살고 있었다.

안타깝게도 아이린은 이 책이 완성되기 직전에 뇌졸중을 일으켰고, 가족 모두가 찾아가 추억담과 애정이 담긴 말을 나누고 하루 정도 지난 뒤에 95세의 나이로 세상을 떠났다. 내가 참석한 장례식 가운데 가장 멋진 이 장례식에서 추도 연설이 끝나자 기타 연주자들이 "굿나잇 아이린"을 연주하며 노래를 불렀다. 작별 인사를 나누는 참으로 근사한 방법 아닌가.

그리고 이와 관련해 또 하나의 이야기가 있다. 지역사회를 위해 헌신하는 유명한 한 가정그들의 이름을 공개적으로 밝히지는 않겠다.에 유전병 때문에 오랫동안 의료 시설에서 지낸 딸이 있다그 가족은 해당 질병 연구를 지원하는 국립 재단 설립에 참여하기도 했다. 그 의료 시설에서 고등학교를 졸업한 딸은 유명 대학에 진학하려고 집으로 돌아오는 길에 그만 교통사고로 사망하고 말았다.

장례식에 참석하려면 먼 거리를 가야 했던 탓에 나는 식 시작 시간에는 맞추지 못했지만, 장례식이 끝난 뒤에 그녀 부모의 집에 갈 수 있었다. 나는 그 집 딸들과 어머니를 감싸 안으면서 이렇게 말했다.

"당신들의 고통은 누구도 헤아릴 수 없을 겁니다. 그저 당신들의 아픔에 공감할 따름입니다."

그 어머니는 울음을 터뜨리면서 나를 마주 안았다.

"당신은 오늘 여기 오신 분들 중에서 처음으로 내 마음을 알아준 분이세요."

이 경험담을 얘기하는 이유는 내 이미지를 높이기 위해서가 아니라, 그런 상황에서 사람들의 감정을 살피는 게 얼마나 중요한지 보여주기 위해서다.

우리는 아이들을 삶의 어두운 면으로부터 보호해야 한다고 생각하지만, 사실 아이들에게도 각자의 감정이 있고 인생에서 벌어지는 일들을 직접 보고 듣기도 한다. 그러니 마냥 숨기기보다는 차분하고 긍정적인 분위기에서 이런 문제들을 공개적으로 논의하는 게 아이들은 물론이고 우리에게도 훨씬 낫다.

내가 지어낼 수 있는 어떤 이야기보다 훨씬 나은 다음 이야기가 그 좋은 예다. 여러분이 이야기를 끝까지 읽고 눈에 고인 눈물을 닦아내고 나면, 이 이야기의 주인공이 누구인지 알려주겠다.

한 남자가 명절날 저녁에 친구 집을 방문했다. 그의 아내는 병원에 누워 죽을 날만 기다리는 상황이었다. 그가 찾아간 집에는 마침 다른 주에서 놀러온 손주 두 명이 있었는데, 남자아이는 열한 살이고 여자아이는 열 살이었다. 파티를 주최한 집주인은 남자가 도착하기 전에 그 손님이 지금 어떤 상황인지 아이들에게 말해두었다.

디저트가 나오자, 그 남자는 병원에 가서 아내에게 밤 인사를 하기 위해 좀 일찍 일어나겠다고 양해를 구했다. 그의 아내는 그날 밤 늦게 세상을 떠났고, 모임이 열렸던 집 손주들도 다음 날 아침에 그 얘기를 들었다.

2주 뒤, 그 남자가 파티 주최자에게 전화를 걸어서 지금 자리에 앉아 있느냐고 물었다. 아니라고 하자, 그는 이렇게 말했다. "내가 뭘 좀 읽어주고 싶으니까 자리에 앉아보게."

그러고는 파티 주최자의 손녀에게 받은 편지를 읽었다. 그 편지에서 아이는 남자의 아내의 죽음에 깊은 슬픔을 표하면서 자신의 사랑과 지지를 약속했고, 자기 엄마가 해준 말처럼 그 남자의 아내는 이제 하나님과 함께 있으니 그 사실에서 힘을 얻어야 한다고 말했다. 그리고 마지막으로, 혹시 뭐든 필요한 게 있으면 언제든지 자기에게 전화해서 말해달라고 했다.

이 대화를 나누는 동안 나이든 두 어른의 눈에서는 눈물이 흘러내렸다.

파티 주최자는 어린 소녀의 엄마에게 전화를 걸어 딸이 그런 편지를 보낸 걸 알고 있었는지 물어봤다. 딸에게서 그 죽음에 대한 이야기는 들었지만 위로 편지를 보냈다는 사실은 전혀 몰랐던 엄마는 당연히 깜짝 놀라면서 기뻐했다.

2주 뒤, 그 남자에게 감사 편지를 받은 아이는 그에 대한 답장으로 다음과 같은 편지를 썼다.

_____ 선생님께,

선생님께 편지를 받고 정말 기뻤습니다. 특히 새 책을 쓰는 일이 슬픔을 조금이나마 잊는 데 도움이 되었다는 얘기를 들으니 더욱 기쁘네요. 전에도 말씀드렸지만, 더 많은 슬픔을 잊기 위해 편지를 쓰고 싶으시다면 언제든지 제가 기다리고 있겠습니다.

엄마와 이 문제에 대해 많은 얘기를 나눴는데, 엄마는 죽으면 하느님과 다시 만날 수 있기 때문에 죽는 건 행복한 일이라고 하셨어요. 제게 보내주신 편지에서 다른 분들께도 편지를 많이 받았다고 하셨으니, 이제 기분이 좀 나아지셨으면 좋겠네요. 이만 줄여야겠습니다.

곧 다른 소식 전해주시기 바랍니다. 제 오빠 라이언도 인사 전해달래요. 라이언도 사모님께서 돌아가신 걸 정말 안타까워하고 있어요.

항상 건강하시길 빕니다.

당시 열 살이던 내 손녀 제니퍼의 마음에서 우러난 지혜로운 말은 조금 전에 얘기한 랍비 에드워드 제린이 겪은 비극을 위로

하기 위한 것이었는데, 이건 누가 부탁해서 한 일이 아니었다.

왜 그런 문제가 모든 사람에게 큰 영향을 미치는지, 왜 남녀노소 누구나 삶의 행복과 슬픔을 남들과 공유해야 하는지를 이보다 잘 보여주는 예가 있을까?

"미츠바Mitzvah"는 유대교에서 선행을 뜻하는 말이다. 가까운 사람에게 손을 내밀고 사랑을 증명하는 게 얼마나 유익한지 보여주려면, 생명이 위급한 이들을 위해 "미츠바"를 행하는 것만큼 좋은 방법도 없다. 그런 행동은 환자를 안심시키고 편안하게 해주는 데도 좋다.

본 장 앞부분에서 얘기한 세 가지 제안 외에, 대부분의 전문 간병인이 도움이 된다고 말하는 추가적인 지침이 몇 가지 있다.

① 자신에게 문제가 있다는 걸 사랑하는 사람들에게 알린다.

물론 자기 건강에 심각한 이상이 있다는 걸 처음 알게 되면 충격을 받아 정신적으로 힘들고 두려울 것이다.

그리고 직계 가족들에게는 분명히 알릴 필요가 있지만, 다른 지인들은 당사자들이 생각을 가다듬고, 의학적인 진단 내용을 정리하고, 그 상황에 대처하기 위한 전략을 수립할 때까지 기다려야 한다.

우선 자동 응답기 메시지나 이메일의 부재중 메시지 등을 통해 연락해준 이들의 전화와 관심에 감사한다는 걸 알리면서 주변 사람들을 진정시키자. 이런 메시지를 통해 여러분이 병에 걸렸고 치료할 시간이 필요하다는 것을 알리고, 더 자세한 정보는 언제쯤 알려줄 수 있는지 얘기한다. 그리고 전화 건 사람에게 사랑을 전하면서 메시지를 끝맺으면 된다.

전화가 너무 많이 오면 사람들에게 정보를 얻을 방법을 알려주는 메시지를 남기거나 아예 다른 사람이 전화 응답을 처리하게 한다. 매일 혹은 며칠에 한 번씩 최신 정보가 업데이트된 녹음 메시지를 남길 수도 있다.

② "어떻게 지내세요?"라는 질문은 되도록 하지 않는다.

사업상으로 만나든 개인적으로 접촉하든 이런 인사말은 정말 불필요하다. 다른 사람이 어떻게 지내는지에 정말 관심 있는 사람은 별로 없다. 우리가 알고 싶은 건 상대방이 무슨 생각을 하는지, 지금 뭘 하고 있는는지, 그들의 관심사는 무엇인지 등이다.

여러분이 내게 "어떻게 지내세요?"라고 물으면 나는 "죽을 것 같아요" "몸이 좋지 않아요" "감기 걸렸어요" 같은 대답을 할 것이다. 이때 내 기분을 풀어주고 대화를 계속 이어가려면 무슨 말을 해야겠는가?

③ 환자나 가족에게 전화를 걸어 방문해도 괜찮은지, 만약 괜찮

다면 언제가 가장 좋은지 확인한다.

또 여러분이 그들을 돕기 위해서 할 수 있는 일이 뭔지, 뭘 가져가면 도움이 될지도 물어본다. 꽃을 가져가는 건 매우 조심해야 한다. 꽃에 알레르기가 있는 사람이 많다. 또 그들이 처한 상황을 고려해서 향수나 다른 향기 나는 세면도구 등도 쓰지 말아야 한다.

보통 여러분이 방문한 사람 쪽에서 그만 가 달라는 말은 못 할 것이다. 그러니 분별력을 발휘해서 너무 장시간 머무르지 않도록 하자.

④ 명확한 방문 목적이 있어야 한다.

여러분이 만나러 간 사람은 건강에 심각한 문제가 있다는 걸 잊지 말아야 한다. 그런 사람들은 잡담을 좋아하지 않는다. 여러분이 그곳에 간 이유는 그들을 위로하고 당신이 그들을 얼마나 아끼는지 보여주기 위해서다.

⑤ 다른 사람이 있을 때는 어떻게 해야 할까?

여러분이 방문했을 때 그곳에 있는 다른 사람과 조용히 대화를 나누거나 다른 방에 가서 얘기하는 걸 피하자. 환자가 여러분이 하는 말을 들을 수도 있으니까. 안나가 아플 때 무심코 이런 행동을 했었는데 그녀가 무척 화를 냈다. 당연한 일이다.

⑥ 주변에 있는 의료 장비나 다른 장치에 대해 묻지 말자.

방문했을 때 눈에 띄는 개인 소지품이나 의료 기기에 대해 물어봐서는 안 된다.

⑦ 방문 시 어디에 앉을 것인가.

다른 대안이 없다면 몰라도, 문병 중에 환자 옆에 서 있어서는 안 된다. 환자의 청력이 어떤지 파악해서 목소리를 적절히 조절한다.

⑧ 무슨 얘기를 해야 하나.

앞서 얘기한 것처럼 환자가 대화를 이끌어가도록 한다. 환자의 현재 상태를 물어보는 건 괜찮지만 최대한 부드럽게 질문해야 하고, 환자에게 이와 관련된 대화를 강요해서는 안 된다.

특히 환자가 병원이나 요양 시설에 입원해있는 경우에는 여러분이 방문하는 동안 의사나 간호사의 회진 때문에 대화가 중단될 가능성이 매우 높다. 그러니 환자나 그 가족이 해야 하는 일이나 잔심부름 등을 도와주겠다고 제안할 때는 어휘를 각별히 신중하게 골라가며 말해야 한다.

⑨ 장례식장이나 상주의 집에서 유족에게 인사할 때는 뭐라고 해야 할까?

장례식에 참석하거나 고인의 가족을 방문할 때 그 장소에

배어있는 슬픔의 정도는 고인의 나이와 사망 원인에 따라 달라진다.

이때도 너무 극적이지 않은 태도로 슬픈 감정을 표현하는 게 중요하다. 예를 들어, "어떤 기분일지 잘 압니다"라든가 "마음만은 늘 젊은 사람이었지" "인생은 너무 불공평해" 같은 말은 하지 말자. 때로는 유족을 가만히 껴안는 것만으로도 적절한 메시지를 전달할 수 있다.

앞의 사례에서도 설명한 것처럼, 여러분이 만나러 간 사람의 고통의 크기가 어느 정도인지는 그 사람만 안다. 그러니 함부로 안다고 말하지 말자.

해서는 안 될 말을 하거나 슬픔에 잠긴 사람과 자신을 동일시하는 바람에 환자나 유족의 슬픔이 더 커지고, 결국 그들과의 관계가 깨지는 경우가 많다. 아무 말도 하지 말고 그냥 상대방을 껴안거나 손을 잡고 여러분의 슬픔을 조용히 전하는 편이 낫다. 그들은 여러분이 왜 그곳에 왔는지 잘 안다.

가끔은 우리가 그곳에 있다는 사실만으로도 다른 사람을 위로하거나 격려할 수 있다. 최근에 죽은 반 친구의 어머니를 위로하러 간 어린 소녀가 생각난다. 소녀가 집에 돌아오자, 소녀의 어머니는 친구 어머니를 위로하기 위해 뭘 했느냐고 물었다.

그 어린 소녀는 '그냥 친구 엄마의 무릎에 앉아서 같이 울었어요.'라고 부드러운 목소리로 대답했다.

_글렌 밴 에케렌,《너와 나누고 싶은 이야기가 있다》

예배당과 묘지에서 거행된 안나의 장례식에서 우리는 정말 가슴 뭉클한 예배를 드렸지만, 나는 참석한 모든 사람에게 부디 행복하고 축하하는 마음으로 집에 돌아가길 바란다고 말했다. 그들 모두 이 훌륭한 여인을 오랫동안 알고 지냈다는 사실을 영원토록 감사히 여기기를 바랐다. 나는 인생을 기리고 축하하는 것이야말로 먼저 간 사랑하는 사람을 기리는 가장 좋은 방법이라고 생각한다.

⑩ 슬픔과 눈물에 대처하자.

아픈 사람이나 유족을 방문할 때는 항상 낙관적이고 긍정적인 자세를 취해야 하지만밝게 웃으면서 우스운 얘기를 해야 한다는 뜻은 아니다, 그게 도저히 불가능한 때가 분명히 있는데 이럴 때도 슬픔에 압도당하지 않도록 최선을 다해야 한다.

어릴 때부터 함께 자라 79년 동안 친구로 지내던 이가 병원에서 거의 죽을 뻔했다. 그의 아내는 운전을 잘 못했기 때문에, 내가 그녀를 데리고 친구를 만나러 가서 한 시간 정도 함께 있다가 왔다.

그는 정신이 혼미하고 매우 혼란스러워했지만, 그런 와중에도 나를 알아보았고 우리는 서로의 감정을 나눌 수 있었다. 우리 둘 다 그것이 우리의 마지막 만남이라는 걸 알고 있었기 때문에, 내가 병실을 나서려고 하자 그는 흐느껴 울기 시작했다. 당연히 나도 감정을 억제할 수 없었고, 작별인사를 나눈 순간 터져 나온 눈물을 주체하지 못한 채 그대로 병실에서 나왔다.

그들의 상실에 슬픔을 표현하자. 그들의 슬픔에 깊게 공감한다고 말하자. 고인이 된 그를 얼마나 존경했는지 얘기하고, 그와 관련된 행복한 추억을 되새기자.

> 인생은 우리와 함께 돌고 돈다. 우리는 자신에게 일어나는 일들을 모두 통제할 수 없다. 그러나 벌어진 일에 어떤 의미를 부여할지는 마음먹기에 달렸다. 우리는 인생을 살면서 울 수도 있고 웃을 수도 있다. 인생을 낭비할 수도 있고, 자신의 삶을 가치 있게 만들 수도 있다.
>
> 물론 그런다고 해서 모든 게 완벽해지지는 않으며 원하는 걸 전부 얻을 수도 없다. 또 자신에게 닥친 일들을 모두 받

아들여야 하는 것도 아니다. 그저 어떤 운명이 다가오든 그
걸 최대한 활용하자.

_랍비 에드워드 제런 박사,《사랑의 포로A Prisoner of Love》

에드워드는 내 절친한 친구이자 박식한 랍비이며 작가 겸 교
사이기도 하다. 그는 90대 중반의 나이에도 여전히 활발히 일하
고 있다! 신의 축복이 있기를.

다른 사람이 행복해지도록 도우면
결국 나도 행복해진다

우리는 다른 사람들이 노년을 즐기도록 돕기보다는 노화를
돕는 데 더 많은 노력을 기울인다.

_프랭크 A. 클라크

지역사회에서 활동하면서 정말 대단한 사람을 많이 만났는데,
그들은 이 책에서 얘기한 모든 이유에도 불구하고 정든 집을 떠
나 요양 시설에서 살아야만 하는 상황이었다.

그중 많은 이의 경우, 가족이 멀리 살고 자주 찾아오지도 않
는다. 최소한 매일 전화 한 통만 걸어도 사랑하는 사람의 행복에
큰 변화가 생기고, 그들이 서로 연결되어있다는 느낌을 줄 수 있
다. 가족들 사이에 그런 연결이 없으면 반대되는 현상이 생긴다.

착한 사람들은 직접 찾아간다. 여러분도 착하게 살기 바란다.

그게 바로 여러분의 본성이니까 말이다.

> 배려는 나눔의 기술이다. 기분이 좋아지고 싶다면 다른 사
> 람의 기분을 좋게 해주자.
>
> _부커 T. 워싱턴

내 오랜 친구인 로리 캐플란-션은 인생 코치이자 "아주 괜찮은 사람"이다. 나는 미 대륙을 횡단하는 비행기에서 로리와 그녀의 남편 스티븐을 만났다. 로리도 《부모님 낳기Giving Birth to My Parents》라는 노화 과정에 대한 훌륭한 책을 썼는데, 그녀는 이 책에 자기 부모님이 나이가 들면서 그들의 삶이 어떻게 바뀌었는지 설명했다. 또 험난했던 부모님과의 관계 때문에 생긴 상처를 치유하는 게 자신에게 얼마나 중요한지도 얘기했다. 이 방법을 통해 그들도 가족끼리 시간을 보냈는데, 이건 마지막이 가까워 오는 그녀 부모님에게도 도움이 되었다.

로리는 또 화해가 자기 인생에 어떤 행복을 가져다주었는지도 얘기했다.

내 친구이자 영적 지도자인 랍비 에드워드 파인스타인은 신도들에게 자기가 예전에 방문한 특별한 상점 이야기를 해줬다. 샌프란시스코에 있는 이 상점에서는 아름다운 도자기를 팔았다. 그

는 이곳에서 "수십 개의 화려한 조각으로 이루어진 훌륭한 도자기"를 발견하고는 그 "3차원 콜라주"를 사고 싶어졌다.

그는 상점 주인에게 그게 뭐냐고 물었다. 주인의 말에 따르면 중국에서 지진이 많이 발생했는데, 지진으로 부서진 집에 살던 가족들이 커다란 파편을 모아서 장인에게 가져가자 그가 파편을 이용해서 독특한 아름다움을 지닌 공예품을 만들었다는 것이었다.

그는 이런 사연을 지닌 작품에 마음이 끌렸다.

랍비 파인스타인은 욤 키푸르, 즉 유대교의 속죄일 의식에 모인 사람들에게 이 이야기를 했다. 유대인들은 매년 이 날이 되면 한 자리에 모여 작년에 저지른 잘못을 씻어내고 새롭게 한 해를 시작한다다른 종교에서도 다양한 종교 의식을 통해 그렇게 하는 것처럼. 그 잘못은 대개 "고생스럽게 살아가면서 옳은 일을 하려고 애쓰거나 옳은 말을 하려고 노력하다가" 저지른 잘못들이다.

파인스타인은 사람들에게 말했다.

"심신을 새롭게 하는 데 있어서 서로의 곁을 지키면서 상대를 돕고, 다함께 힘을 모아 깨진 약속이나 실행에 옮기지 못한 계획, 실현되지 못한 목적, 이루지 못한 희망의 부서진 조각을 그러모으는 것보다 더 좋은 방법이 어디 있겠습니까. 그러니 기나긴 여정이 목적지에 가까워지면 과거의 편린을 모아 사랑하는 이들의 삶뿐만 아니라 우리의 삶까지 풍요롭게 해줄 아름다운 관계를 만들자는 얘기입니다."

멋진 말이다.

이 말을 듣고 유대인을 주제로 한 농담이 떠올랐다. 부디 화내지 마시길. 난 그냥 떠도는 얘기를 전하는 것뿐이니까.

사라는 가족 중에서 마지막으로 결혼한 젊은 여성이었다. 그녀는 핵가족 출신의 아주 소박한 여성이었는데 적당한 남자를 만나는 데 시간이 좀 걸렸다.

결혼식이 끝난 토요일 아침, 유대교 회당에 모인 사라의 친구들은 사라가 신혼생활을 어떻게 즐기고 있는지 궁금해했다. 그들은 기다리고 또 기다렸는데, 사라는 예배가 끝나갈 무렵이 되어서야 겨우 지치고 후줄근한 모습으로 회당에 들어섰다.

친구들이 물었다. "사라, 결혼생활은 어때?"

"글쎄." 사라는 살짝 웃으면서 부드러운 목소리로 대답했다. "괜찮아." "네 남편은 어때?" 친구들이 또 물었다. "좋은 사람이야?"

사라가 대답했다.

"어젯밤은 우리가 남편과 아내가 된 후로 처음 맞는 안식일 저녁이었잖아. 그래서 난 어머니가 가르쳐주신 대로 맛있는 식사를 준비하고 식탁도 아주 근사하게 차려놨어.

남편은 식탁을 보고 꽤 감동을 받은 것 같더라. 난 안식일 촛불을 켜고 축복의 기도를 암송했어. 그랬더니 남편이 이러는 거야. '사라, 우리 할아버지 댁에서는 안식일 촛불을 켠 뒤에 할아버지가 할머니를 위층으로 데려가서 남편과 아내만의 시간을 보내는 게 관습이었어요.' 그래서 같이 위층으로 올라갔어.

한 시간쯤 뒤에 다시 내려와 식탁 앞에 앉아서는 남편이 포도주 잔을 들고 축복의 기도를 암송했어. 그러고는 또 이러는 거야. '사라, 우리 삼촌 댁에서는 포도주에 축복 기도를 하고 나서 삼촌과 숙모가 위층으로 올라가 남편과 아내만의 시간을 보내는 게 관습이었어요.' 그래서 또 위층으로 올라갔지.

그리고 한 시간쯤 지나 다시 식탁 앞에 앉은 남편은 할라^{계란빵}을 들고 빵을 축복했어. 그러더니 또 이러지 뭐니. '사라, 내 사촌 집에서는 빵에 축복을 한 뒤에 사촌이 아내를 위층으로 데려가 남편과 아내만의 시간을 보내는 관습이 있어요.' 그래서 다시 위층으로 올라갔어.

이런 일이 수프, 메인 식사, 디저트 때까지 계속 반복되었어.

너희, 결혼생활이 어떠냐고 물었지? 또 남편은 어떠냐고. 그럼 말해줄게. 내 남편은 부유하지도 않고 잘생기지도 않고 학자도 아니지만, 멋진 가족을 가지고 있어."

교제하고 사랑하는 데 나이 제한은 없다

최근에 시인 메릿 말로이가 쓴 더없이 아름답고 감동적인 글을 읽었다. 그 글은 안나의 마지막 나날 동안 우리가 서로에게 얘기한 감정을 잘 표현해놓았다. 또 사랑하는 배우자가 죽었다고 해서 사랑이 끝나는 게 아니라 오히려 한층 더 높은 경지로 발전한다는 내 생각도 반영되어있다.

내가 죽은 뒤
울고 싶으면
당신 옆에서 길을 걷는
사람을 위해 울어주세요.

그리고 내가 필요하면

다른 사람을 껴안고
내게 주고 싶은 걸 그에게 주세요.

당신은 다른 사람의 손을 잡고
다른 사람의 영혼에 접할 때
나를 가장 사랑할 수 있어요.

당신의 기쁨을 나누고
선한 행동을 늘릴 때
나를 가장 사랑할 수 있어요.

나를 당신 마음속이 아닌
당신 눈 속에 살게 해줘야
나를 가장 사랑할 수 있어요.

그리고 나를 위해 기도할 때는
우리의 토라가 가르친 것을 기억하세요.
사랑은 죽지 않아요.
죽는 건 사람들이죠.

그리하여 내게 남은 건 사랑뿐일 때
날 놓아주세요.

노년 생활이 점점 흥미로워지기 시작하면서, 자연스럽게 자신의 상황과 개인적인 고민에 대해 생각하게 되었다.

나는 이 책을 집필하기 불과 몇 달 전에 세상을 떠난 안나와 30년 동안 정말 멋진 관계를 유지했다. 그런데 나와 비슷한 처지인 나이 많은 사람들이 가장 곤란해하는 일 중 하나는, 우리는 "새로운 만남"을 바라지 않고 그런 "욕구"를 느끼지도 않는다는 걸 다른 사람들에게 이해시키는 것이다. 우리는 "마음을 나누고자" 싶은 "바람"이 더 크다.

타인과의 교제 말이다.

양로원에 처음 입주했을 때 내가 가장 바라지 않았던 게 바로 교제와 로맨스였다. 친구들은 그렇게 많은 독신 여성에게 둘러싸여 지내다니 부럽다며 자주 놀렸지만, 나는 그런 생각은 한 번도 떠오른 적이 없다고 말했다. 실제로 그랬으니까.

메리는 60세가 좀 넘었고 조는 70대다. 그들은 결혼한 지 35년이 됐다. 어느 날 밤, 조가 메리에게 말했다.

"35년 전에 내가 가진 거라고는 임대료가 저렴한 아파트와 소형 승용차뿐이었고 소파에서 잠을 자고 작은 TV를 봤어요. 하지만 내가 원할 때마다 섹시하고 젊은 금발 여자와 잘 수 있었죠. 지금은 큰 집에 킹사이즈 침대와 최첨단 와이드스크린 TV가 있어요. 또 주문 제작한 차를 몰고, 최고급 레스토랑에서 외식을 하고, 세계 각지를 여행하고, 내 집에서 호화로운 파티도 즐기는데, 잠은 62세의 금발 여인과 자는군요.”

메리는 잠시 생각해보더니 이렇게 대답했다.

“여보, 나가서 섹시한 젊은 금발 여자를 찾아봐요. 나는 당신이 다시 예전처럼 싸구려 아파트와 소형 자동차, 침대 겸용 소파, 작은 TV를 가질 수 있도록 해줄 테니까요.”

양로원에서 몇 달간 지내고 나니, 노화와 로맨스에 대한 내 생각을 심각하게 재고하도록 만드는 일이 몇 가지 생겼고, 이에 시인 윌리엄 버틀러 예이츠의 말을 되새겼다.

“포도주는 입으로 들어오고 사랑은 눈으로 들어온다. 우리가 늙어 죽기 전에 제대로 알아야 하는 건 그것뿐이다.”

나는 매우 독립적인 사람이기 때문에, 움직임이 제약을 받거나 신체적 문제와 기억력 문제 때문에 삶이 느려지는 사람들과 함께 살아가는 게 매우 힘들다는 걸 깨달았다.

몇몇 여성을 만나 친분을 쌓기는 했지만 그 수가 별로 많지는 않았다. 그리고 당시 내가 가장 흠모했던 이는 장기적인 관계를 맺는 데 관심이 없었기 때문에 결국 내 주변엔 아무도 없는 것이나 마찬가지였다.

이 책을 집필하는 데 더 많은 시간을 쏟아야 했고, 또 내 인간 관계에 대한 소문이 걷잡을 수 없이 퍼져나가는 바람에 관계를 유지하기가 더 힘들었다.

양로원처럼 "폐쇄된 환경"에서 살다 보면 의심이 많아져서 자기 잇속만 챙기게 되고, 여러분의 의도가 아무리 진실해도 상대방은 마음을 열지 않으면서 여러분이 하는 모든 일에 의문만 제기한다.

그런 걸 보면 때로는 나도 다른 사람들과 잘 어울리려고 애쓰기보다는 그냥 내 몸만 챙기는 편이 낫다는 생각이 든다. 84세의 나이에 새로운 인생을 살게 된 나는 지금도 계속 성장하고 있다. 그리고 이 세상에서 받아들일 건 받아들이면서 행복하게 지내고 있다. 친구도 사귀었고, 바깥세상에서 오랫동안 이어온 기존의 관계도 굳건하다.

내 또래의 여러 독신 남녀와 이야기를 나누면서 타인과의 교제를 바라는 이들이 소수지만 있기는 하다는 걸 알게 되었는데, 이들은 사랑을 하고 싶다기보다는 외로움 때문에 그런 생각을 하게 된 것이다.

내가 "원하는" 건 정서적이고 애정이 담긴 관계를 나눌 사람, 어떤 신체적 제약이 있어도 삶을 즐기면서 날마다 큰 기대감을 품고 새로운 하루를 기다리는 사람과 함께 지내는 것이다.

그녀의 독립성을 존중하고, 할 수 있는 한 그녀의 지식과 창의력을 이용해 다른 사람들을 도우면서 유용하고 생산적인 삶을 살도록 격려하고 싶다. 그리고 항상 서로의 품에 꼭 안겨있는 걸 즐기는 것이다.

하지만 나는 나이 든 사람들은 죽음에 대한 두려움 때문에 자기보다 어린 사람들과 사귀거나 결혼을 해서는 안 된다는 일반적인 견해에 동의하지 않는다. 내일 누구에게 무슨 일이 생길지는 아무도 모르는 것이기 때문에 이런 생각은 불합리하다고 본다. 스스로 받아들이기만 한다면, 본인의 나이와 상관없이 많은 즐거움을 누릴 수 있다. 동기가 진실하고 이기적이지 않다면, 나이 차이는 행복에 장애가 되지 않는다.

최근에 70대 여성을 만났다. 양로원에 방문한 그녀에게 부탁해서 이 책을 위한 인터뷰를 했다. 그녀는 알츠하이머병과 다른 건강 문제 때문에 3년 동안 꼼짝 못 하고 양로원에 갇혀 지내는 남편을 만나러 왔다고 했다. 그녀는 54년의 결혼생활 끝에 남편이 중한 병에 걸리면서 자신의 삶이 완전히 바뀌었다고 털어놓았다. 그들의 결혼생활은 행복했지만 남편을 돌보느라 그녀까지 기진

맥진해졌고, 두 사람 사이에는 이제 사랑의 감정이 남아있지 않았다. 그녀는 외로웠다.

결국 그녀는 어떤 홀아비와 관계를 갖기 시작했고, 그 일을 솔직하게 털어놓았다. 그녀는 새로운 관계에 매우 만족했다. 그와 동시에, 남편을 편안하게 해주기 위해서 자기가 할 수 있는 일은 다 하겠다고 다짐했다.

의료 전문가들은 의학이 우리에게 허락한 여분의 수명 때문에 이런 상황이 드물지 않게 생긴다고 말했다. 사실 예전에 누군가가 나에게 내가 아내보다 오래 살 것이라고 말했다면_{안나는} 나보다 열두 살이나 어리다, 말도 안 되는 얘기라고 코웃음을 쳤을 것이다.

언젠가는 안나와 함께 나눴던 사랑을 다른 사람에게서도 찾을 수 있으리라고 기대한다. 처음에는 이런 생각이 괴롭게 느껴졌지만, 살면서 멋진 사랑을 해봤던 사람이 다시 사랑에 빠지지 않으리라고 믿는 건 비현실적이란 걸 깨달았다.

지혜는 자기가 원하는 상황에 빠지지 못하게 가로막는 능력이다.

_더그 라센

앞서 얘기한 것처럼, 때로는 우리의 순수한 선행을 다른 사람들은 이기적인 행동으로 받아들이기도 한다. 살면서 그런 점들을 고려할 필요가 있다.

앞 장에서 랍비 에드워드 제린과의 관계, 그의 아내 마저리의 비극이 어떻게 우리를 하나로 묶어주었는지에 대해서 썼다. 90대 중반에 접어든 이 놀라운 남자가 노화로 얻은 질병에도 불구하고 하루하루 얼마나 인생을 즐기면서 사는지 얘기하지 못했다.

마저리가 세상을 떠난 직후, 에드워드는 예전에 한동안 알고 지냈고 전남편과 결혼할 때 주례까지 서준 여성을 우연히 다시 만났다.

그와 이제 70대 후반이 된 언어치료사 질은 재회한 순간부터 마음이 잘 맞았다. 둘은 결혼했고, 에드워드는 질이 사는 샌프란시스코로 이사를 갔다. 서로 깊이 사랑하는 그들은 세계를 돌아다니면서 글을 쓰고, 외식도 하고, 가족끼리 자주 함께 모였다.

자연이 우리 앞에 던져놓는 장애물에도 불구하고, 우리에게 주어진 매 순간을 함께 나눌 동반자가 옆에 있으면 사랑이 얼마나 아름답게 꽃을 피우고 우리 삶이 얼마나 풍요로워지는지 아무리 강조해도 지나치지 않다.

유명한 작가이자 개인 사업 컨설턴트, 그리고 자문가로 일하는 내 친한 친구 마라 브라운은 《내면의 성The Interior Castle》이라는 책에서 사랑 받는 것에 대한 두려움을 설명한다. 그 두려움과 이전에 맺었던 나쁜 관계 때문에 "악어가 우글거리는 해자에 둘러싸인 성에 사는 듯한" 기분을 느낀다는 것이다.

그래서 애정 어린 관계를 맺을 수 있는 멋진 기회를 거부하고, 자기 주변에 안전망을 쳐놓은 채 인생을 제대로 즐기지 못하는 사람이 많다.

다행히 그 반대에 해당하는 로즈 케인과 조 케인 부부의 이야기도 있다조는 이 책이 출간되기 직전에 세상을 떠났다. 이들은 둘 다 80대 후반이며, 우리가 바랄 수 있는 최고의 친구들이다. 그들은 장성한 자녀들의 집에서 멀리 떨어진 요양원에 살았는데, 자녀들은 자기 부모를 사랑했다. 이들은 여러 가지 신체적 문제를 겪었기 때문에 24시간 내내 돌봐주는 간병인을 두었다. 그들은 오랫동안 결혼생활을 해왔고 서로에 대한 깊은 사랑을 공공연하게 드러냈다.

이들 부부는 서로에 대한 사랑과 헌신을 통해 날마다 함께 삶을 즐길 수 있었고 항상 얼굴에 미소를 띠고 있었다. 그들은 자신들을 아는 모든 이를 따뜻한 인사로 맞이했다.

노랫말이나 시 등에서 1은 세상에서 가장 외로운 숫자라고 말하는 걸 자주 본다. 특히 중년기가 지난 외로운 이들은 애정 넘치는 관계를 맺을 기회를 스스로 거부하고는 실제로 죽음이 찾아오기도 전부터 죽은 사람처럼 살아간다.

뭔가를 시도하기에 늦은 때란 없다.
가을은 봄만큼이나 아름다운 계절이며
사랑에 빠지는 건 언제라도 늦지 않다.

_나

70대 초반의 아름다운 여성이 말하길, 그녀와 친구들은 자기 또래의 여성이 남자 친구를 사귀고 관계를 발전시킬 수 있는 장소를 찾아보려고 했지만 실패했다고 한다. 이건 모든 공동체에서 다룰 필요가 있는 문제다.

사랑은 인류의 병을 치유할 수 있는 약이다.
사랑을 하면 살아갈 수 있다.

_칼 메닝거 박사

이 주제를 좀 더 자세히 살펴보자.
80대 후반인 주디와 밥은 64년 동안 결혼생활을 유지했다. 아들 셋과 딸 하나를 둔 이 부부는 둘 다 텍사스의 작은 마을에서 자랐다. 밥의 아버지는 밥이 아주 어릴 때 돌아가셨고, 그와 주디는 독학으로 학위를 따고, 경력을 쌓고, 군 복무를 하고, 가족을 부양하려고 고군분투했다.

밥은 금융계에서 큰 성공을 거두었고, 여러 주요 기관의 대표와 고위 임원으로 활발하게 활동했다.

비록 지금은 노환으로 행동이 부자유스럽지만, 그는 여전히 다른 사람들에게 필요한 상담과 조언을 해준다. 그와 주디는 60년 넘게 연애를 계속하고 있다. 그들의 목표는 삶을 지속해나가는 것이다. 가족 몇 명은 멀리 떨어진 곳에 살지만 그래도 늘 가까운 사이를 유지하고 있으며, 다 같이 한자리에 모일 가족 모임을 고대한다.

말년을 함께 보내면서 행복을 느끼는 사람들의 모습을 보거나 젊은이의 삶을 방해하는 수많은 비극에 관해 읽을 때면 인생 계획을 미리 세워놓고, 자기가 가진 기회를 망각하지 말고, 자연과 사회가 우리 앞에 던진 장애물을 극복하고, 항상 사랑을 받아들일 채비가 된 상태에서 내게 주어진 매 순간을 즐겨야겠다는 생각이 든다.

후우.

하, 말을 너무 길게 했더니 숨이 찬다. 이제 질 나쁜 농담 하나만 더 하고 다음 장으로 넘어가도록 하자.

80대 초반의 부부인 케이트와 찰스가 나란히 앉아서 텔레비전을 보다가, 케이트가 부엌에 가서 아이스크림을 가져오겠다고 했다. 찰스는 자기가 가져올 테니 가만히 앉아있으라고 하면서 뭘 원하느냐고 물었다.

케이트는 "바닐라 아이스크림 한 덩어리에 초콜릿 시럽을 뿌려줘요. 그 위에 잘게 다진 견과류와 휘핑크림을 얹고 초콜릿 칩을 뿌려주면 좋겠네요."라고 말했다.

찰스가 대답했다. "알았어요. 바닐라 아이스크림에 초콜릿 시럽, 그 위에 다진 견과류와 휘핑크림, 초콜릿 칩이란 말이죠."

자리를 떴다가 10분 뒤에 돌아온 찰스는 스크램블드에그와 베이컨 두 접시를 들고 왔다. 케이트는 찰스가 가져온 걸 보고는 이렇게 말했다. "당신, 토스트는 잊어버렸군요."

그리고 그들은 영원히 행복하게 살았다.

> 이런 일들은 믿을 수 없을 정도로 아름답다.
> 고통 뒤에 찾아오는 유쾌한 나약함,
> 비 온 뒤에 오는 눈부시게 빛나는 초록빛,
> 슬픔 뒤에 한층 깊어진 믿음,
> 그리고 다시 사랑에 눈 뜨는 것.
>
>   -이것도 내가 쓴 글이다.

더 이상 자신이 독립적으로
생활할 수 없다는 것을 받아들이자

우리가 결정해야 하는 가장 힘든 일 가운데 하나는 사실을 인정하는 것이다. 건강이나 신체 능력에 문제가 생기면 본인이나 주변 사람의 생활방식과 활동에 영향을 미칠 수 있으므로, 자신의 생활과 밀접하게 관련된 이들과 함께 이 문제를 의논할 필요가 있다. 제때 조처하지 않으면, 쉽게 해결할 수 있는 문제임에도 예측한 것보다 빨리 목숨을 잃게 될 수도 있다.

우리가 점점 나이를 먹고 있고 그래서 신체 일부가 고장을 일으킬 수도 있다는 사실을 인정하는 건 전혀 부끄러운 일이 아니다. 그런 문제를 털어놓으면서 유쾌하게 웃어넘기는 사람들도 있지 않은가.

이 책을 쓰려고 자료 조사를 하는 과정에서 가장 놀란 사실은, 연로한 가족을 보살피는 이들 중에는 본인의 신체적 장애를 받아들이기를 거부하는 가족 때문에 두려움과 좌절감을 느끼는 이가 무척 많다는 것이다. 그리고 슬프게도 이들은 노인이 피할 수도 있는 사고를 당했을 때 그로 인해 발생하는 부담을 떠안게 된다.

이 문제는 꽤 진지하게 다룰 생각이지만, 그 전에 허튼 농담을 두어 가지 들려주겠다. 하나는 꽤 재미있지만, 다른 하나는 듣고 나면 우울한 한숨이 흘러나온다. 들어보면 어떤 게 어디에 해당하는지 알 수 있을 것이다. 그런 다음, 다시 진지한 문제로 돌아가자.

101살 된 남자와 95세의 부인이 75년의 결혼생활 끝에 이혼을 하려고 판사 앞에 섰다. 판사는 그들을 호기심 어린 눈으로 쳐다보면서, "결혼생활 내내 그렇게 불행했다면 왜 지금껏 참은 겁니까?"라고 물었다.

그러자 남자가 대답했다. "우리 아이들이 죽을 때까지 기다렸거든요."

결혼한 지 60년이 넘은 노부부가 함께 침대에 누워있었는데, 갑자기 남편이 아내의 몸을 이리저리 더듬기 시작하는 게 느껴졌다. 남편이 그런 행동을 하는 건 정말 오랜만이었기 때문에 아

161

내는 잔뜩 흥분했다.

남편은 아내의 등을 부드럽게 위아래로 쓰다듬더니, 이윽고 다리와 배, 그리고 다른 민감한 부위로 손을 옮겼다. 아내의 엉덩이와 다리 옆면까지 만지자 그녀는 정말 기분이 좋아졌다. 그런데 갑자기 손길이 뚝 멎었다.

그녀는 부드럽고 사랑스러운 목소리로 남편에게 말했다.

"여보, 정말 기분 좋았어요. 그런데 갑자기 왜 멈추는 거예요?"

그러자 남편이 대답했다. "리모컨을 찾았거든요."

이게 무슨 소린가 싶겠지만, 다음 내용으로 매끄럽게 넘어가기 위해 꼭 필요한 내용이었다. 정말이다.

자, 다시 진지한 태도로 돌아가자. 정말 심각한 얘기가 우리를 기다리고 있다.

자신의 독립성을 포기하는 결정에 관한 얘기다.

작가 존 쉬브는 "다른 사람의 인생에 영향을 미치는 부분을 제외하면 우리 삶에는 중요한 부분이 별로 남지 않는다"고 말했다. 이보다 더 큰 진리는 없다. 적어도 내 생각에는 그렇다.

노화가 진행되면 자기가 예전처럼 기민하지 못하다는 사실을 스스로 인정하거나_{겉으로는 부정할지 몰라도} 사랑하는 이들이 그걸 알아차리기 시작한다. 인생의 반려자는 이미 세상을 떠났거나 우리와 같은 상황일 것이므로, 자신의 미래와 관련된 이 중대한 결정은 본인이 직접 해야 한다.

물론 자신의 독립성을 포기하고 다른 사람에게 의존하고 싶어 하는 사람은 아무도 없다. 살아가는 방식을 자유롭게 선택하고 싶지만 이제 그렇게 할 수 없으니, 우리가 죽을 때까지 돌봐야 하는 짐을 사랑하는 사람이나 간병인, 이 사회에 지우는 것이 과연 옳은 일일까?

이 문제는 상황이 닥치기 전에 잘 해결해둘 필요가 있으며, 신중하게 계획을 세워두면 그런 일이 발생해도 꽤 만족스러운 결론을 얻을 수 있다. 50대에 접어들면 노화 과정이 자연스럽게 진행되므로, 우리 삶에 영향을 미치는 모든 문제에 대해 가족 간병인이나 의료 전문가와 공개적으로 의논해야 한다.사실 아직 젊은 나이에 사망하는 사람들의 수를 고려하면 50세가 되기 전부터 해둘 필요가 있다.

일례로 최근 통계에 따르면 알츠하이머병은 50대에 접어들자마자 증세가 나타날 수 있는 질병이라고 한다.

장기간 간병인으로 일한 경험과 다른 사람들과의 대화를 통해, 현실을 있는 그대로 받아들이는 건 인생에서 가장 중요한 문제 중 하나지만 이를 진지하게 고민하는 사람은 거의 없다는 걸 알게 되었다.

아버지가 아들에게 줄 때는 둘 다 웃지만,

아들이 아버지에게 줄 때는 둘 다 운다.

_랍비 조셉 텔루슈킨, 이디시어 속담, 유대인의 지혜

가장 힘든 결정

여러분의 개인적인 상황이 어떻든 간에_{결혼했든 독신이든, 혼자 살든,} 다른 사람이나 부모와 함께 살든, 여생을 누구와 어떻게 살 건지는 미리 정해둬야 한다. 이건 누구에게나 힘든 결정이지만, 이 결정이 우리를 염려하는 이들_{비록 함께 살지 않거나 멀리 떨어져 있더라도}에게 미칠 영향을 잠시 생각해보자.

무엇보다 지금 계획을 세우지 않거나 여러분을 돌볼 예정이던 사람들이 사망할 경우에 대비해 비상 대책을 몇 가지 마련해두지 않는다면 나중에 심각한 곤경에 처하게 된다.

이디시어로는 이걸 초러스_{tsuris, 괴로움, 고민, 곤란, 불운}라고 한다.

대공황이 한창이던 1930년대에는 가족들이 가까이 살면서 노인과 병자를 돌보는 일을 서로 도왔다. 사실 내 경우는 할머니가 우리 집에서 함께 사시다가 바로 옆방에서 돌아가셨기 때문에, 우리는 날마다 삶과 죽음의 과정을 경험한 셈이다.

"그 시절"에는 상황이 지금과 사뭇 달랐다.

메디케어우리나라로 치면 건강보험 같은 정부 프로그램의 성장, 의료 시설 확대, 인구 이동 등으로 인해 가정 내에서 일상적으로 경험하던 일이 먼 곳으로 옮겨가는 중대한 변화가 생겼다. 그리고 이제 그 문제가 우리 경제와 사회, 가족에게 큰 부담이 되고 있다.

점점 늙어가는 사랑하는 이들과 멀리 떨어져서 사는 것이 정신적, 재정적, 도덕적으로 부담을 안겨준다. 자식이 나이 든 부모 가까이로 이사를 가야 할지, 아니면 부모가 평생 살던 곳을 떠나 자식 근처로 이사해 낯선 곳에서 살아야 할지 결정해야 하는 가족이 점점 늘고 있다.

우리의 독립성을 포기하는 일과 관련된 또 하나의 중요한 문제는 운전이다. 노인들이 치명적인 교통사고를 일으켰다는 소식을 자주 듣는다. 그리고 노인이 운전하는 차에 동승한 사람이 죽거나 중상을 입는 경우도 많다.

안타까운 일은, 고령 운전자의 가족이나 주치의, 주변 사람 모두 이 문제를 입 밖으로 꺼내거나 필요한 조치를 취하는 걸 두려워하다가 결국 뒤늦게 후회하게 된다는 것이다.

나는 세 사람의 목숨을 앗아간 사고를 목격한 적이 있다. 당시에는 몰랐지만 그 차를 운전하던 사람은 81세였던 친구의 어머니였다. 그녀는 차를 제어할 수가 없었다. 자살하고 싶다면 좋다…. 하지만 날 죽이지는 말아주길 바란다.

현실을 더 살펴보자.

서던 캘리포니아의 자립생활센터에 매우 상냥하고 사랑스러운 사람이 살고 있는데, 그는 치매에 걸린 탓에 시설 안에서 자주 길을 잃고 오늘이 며칠인지도 모른다. 그런데도 그는 비슷한 시설에 사는 친구의 재정 문제를 법적으로 책임져야 한다.

이 일을 어떻게 하면 좋을까?

사건의 배경을 조사해본 결과, 도움을 받는 사람의 친구와 가족은 그 문제에 관여하고 싶어 하지 않았다. 그리고 법적 책임이 있는 사람의 가족은 책임을 거부해 가족을 화나게 하고 싶지 않다고 했다. 혹시라도 안 좋은 일이 생기면 책임을 져야 하는데도 말이다.

현명한 사람은 평탄한 고속도로를 여행할 수 있도록 미리 계획을 세운다.

_나

가족들은 당신이 아프다는 사실에 상처받는 것이 아니라, 고통을 자신들과 나누지 않으려고 하는 것에 상처받는다

삶과 죽음의 문제를 의논하는 게 무엇보다 힘들다는 건 아무도 부정할 수 없다. 다들 어떻게든 이 주제를 터놓고 얘기하지 않으려고 안간힘을 쓴다. 하지만 미리 의견을 모으고 계획을 세워두면 인생 막바지에 겪게 될 모든 문제에 대처하기가 훨씬 쉬워진다.

그럼, 언제 어떻게 시작해야 할까?

1994년에 노스리지 메디컬 센터 호스피스에서 일할 때, 말기 암에 걸려 고통받는 알렉스라는 70대 남성을 만나 달라는 부탁을 받았다.

알렉스의 아내가 말하길, 그리 멀지 않은 곳에 두 아들이 살고 있는데 그들은 알렉스가 자신의 병이나 인생에 대한 생각, 이 책에서 언급한 다른 문제들에 대해 얘기하는 걸 거부하는 바람에 매우 힘들어한다고 했다.

알렉스와 함께 몇 시간을 보내면서 내가 왜 그곳에 왔는지 조심스럽게 설명하고 기본적인 질문을 몇 가지 던졌는데, 내가 맡은 일을 해내기가 쉽지 않으리라는 걸 곧 깨달았다. 알렉스는 아내와 가족들을 완벽히 거부하고 있었기 때문에 그의 아내는 어찌할 바를 모른 채 신경쇠약에 걸리기 일보 직전이었다.

나는 이제 어떻게 해야 하나 고민하면서 자리를 떴다. 다음 날 알렉스의 아내에게 전화가 왔는데, 알렉스가 다시는 나를 만나고 싶지 않다고 했다는 것이다. 여러분이 지금까지 이 책을 관심 있게 읽었다면, 내가 그리 쉽게 포기하는 사람이 아니라는 걸 알 것이다.

다음 날 그 집에 전화를 걸어 알렉스를 바꿔달라고 했다. "내일 함께 나가 점심을 먹으면서 얘기를 더 나누고 싶군요. 그 뒤에도 날 만나고 싶지 않다면 다시는 얼굴을 비추지 않겠습니다." 그는 마지못해 하며 승낙했고, 나는 알렉스를 차에 태우고 그의 집 근처에 있는 식당에 갔다.

식당에 자리를 잡고 앉자, 알렉스가 말했다.

"뭘 원하는 겁니까? 난 브루클린 거리에서 자라서 당신 같은 사람들을 잘 알아요. 내 아내를 뺏어가고 싶겠지만 그녀를 가질 수는 없을 거요. 또 내 돈과 차도 탐나겠지만 절대 가질 수 없어요. 다들 뭔가를 원하는 게 있는 법이니까 당신이라고 다를 거 없겠죠."

나는 그에게 그런 건 필요없고, 내 삶의 목적은 당신 같은 사람들이 필요로 할 때 도와주는 것이라고 말했다. 그리고 그가 자신의 감정이나 병, 삶과 죽음에 대한 생각을 가족들에게 말하는 걸 거부하는 바람에 가족들이 완전히 좌절한 상태라고 설명했다. 우리는 그의 아들들이 이제 그를 만나러 오지 않는 이유, 그의 아내가 퇴근해서 집에 돌아오는 걸 두려워하는 문제에 대해 얘기했다. 마지막으로, 가족들과 직접 대화할 용기가 나지 않으면 가족들에게 녹음기를 갖다 달라고 해서 그 장치를 통해서라도 속마음을 털어놓으라고 제안했다.

다음 날 알렉스의 아내가 울면서 전화를 걸었다. 그리고 자기 남편과 점심을 먹으면서 무슨 일이 있었냐고 물었다. 이유를 묻자, 어젯밤에 집에 돌아와 보니 알렉스가 침대에 앉아 울고 있었다고 했다. 그는 아내에게 녹음기를 사달라고 했고, 두 사람은 밤새 울면서 그의 상황에 대해 이야기를 나눴다.

50대가 되면, 삶과 죽음에 대한 자신의 생각을 사랑하는 사람들과 공유하기 시작할 필요가 있다. 삶의 어떤 부분이 자신에게 가장 의미 있는지 얘기하는 것도 한 가지 방법이다. 또 종교가 있다면 자신이 믿는 영적 존재가 임종이나 죽음에 대한 여러분의 감정에 어떤 영향을 미치는지 얘기하자.

이렇게 사랑하는 사람들과 죽음에 관한 문제들을 얘기하면, 그들이 여러분의 바람을 들어줄 가능성이 커질 뿐만 아니라 다음과 같은 문제에도 답할 수 있다.

신체적인 독립성을 유지하면서 자기 집에 머무는 게 여러분에게 얼마나 중요한가? 그렇게 할 경우의 단점은 무엇인가? 특히 여러분이 본인 집에 계속 머물 경우, 여러분을 돌볼 책임이 있는 사람들에게 어떤 영향을 미칠까? 마지막으로, 만약 그런 상황이 온다면 여러분은 자기 집에서 죽는 걸 더 선호하는가? 같은 문제들 말이다.

이렇게 솔직한 논의는 여러분을 사랑하고 지지하는 모든 이의 정신적 불안을 줄이는 데 많은 도움이 될 것이다. 그리고 동시에, 사랑하는 이들도 여러분의 고통의 깊이를 깨닫고 자신들의 삶이 달라지리라는 사실도 받아들여야 한다.

똑같은 말을 반복하고 싶지는 않지만, 이 논의와 관련된 모든 당사자가 완전한 합의를 이루어야 할 뿐만 아니라 여기에서 가장 큰 부담을 떠안게 되는 건 간병인들이며 그들의 요구가 여러분의 요구를 능가한다는 사실을 이해할 필요가 있다고 말하고 싶다. 정말로.

간병인이 없으면 여러분은 크나큰 곤경에 빠질 수도 있다는 사실을 기억하자.

이때 논의한 내용은 상황이 변할 때마다 다시 검토해야 하는데, 여러분이 어떤 생각을 하게 된 이유읽었던 기사, 중병을 앓거나 죽어가는 다른 이들의 모습을 지켜본 일 등에 대해서도 말해두는 게 현명하다.

또 여정이 최대한 순조롭길 바란다면 다음과 같은 조치를 취해야 한다. 필요할 경우 자격 있는 전문가의 조언과 도움을 구하자.

지금 해야 할 일

① 즉시 유산 상속 계획을 세우기 시작한다. 유언장이나 신탁 증서와 함께 항구적 위임장, 의료 관련 위임장, 사망 선택 유언장 같은 문서를 준비해서 정상적인 생활이 불가능한 상태를 대비한 법적 계획을 세워둔다. 사랑하는 사람에게 모든 문서의 사본을 전달하고 원본이 어디 보관되어있는지도 알려줘야 한다.

② 의료 기록 및 관련 정보를 전부 통합해서 정리해둔다. 여러분이 취할 수 있는 가장 중요한 조치 중 하나는 복용 중인 약품, 검사 및 수술 내역을 포함한 모든 의료 기록을 문서화해서 잘 정리한 파일을 만들어두는 것이다. 또 자신에

게 효과가 없었던 약과 어떤 약을 복용했을 때 어떤 반응
이 나타났는지도 기록해둬야 한다. 이런 정보를 손쉽게 꺼
내볼 수 있는 바인더나 온라인 메모장, USB 드라이브 등에
보관해두자.
③ 가족들의 병력을 기록해두자. 이 정보는 우리에게 의학적인
문제가 발생했을 때 의사가 우리를 더 효과적으로 치료하
기 위해 필요한 정보를 제공하기 때문에 매우 유용하다.

가족과 멀리 떨어진 작은 공동체에서 혼자 살아가는 80대 초
반의 여성이 있다. 그녀는 얼마 전에 남편을 잃었는데 가까운
친지는 전혀 없고 친구도 별로 많지 않다. 건강도 점점 나빠지
고 전반적인 신체 기능도 떨어지고 있지만, 그녀는 그 사실을
인정하지 않고 가족들이 사는 도시로 이사 갈 생각도 안 한다.
가족들은 너무 바빠서 자기를 돌봐줄 수 없을 거라고 우기는
데다, 그녀가 이사 준비를 하는 데만도 시간이 1년 이상 걸릴
것이다.

가족들이 그녀를 도우러 먼 길을 오가는 게 훨씬 힘들다고 설
득해도, 이사를 거부하면 사랑하는 이들에게 많은 부담을 지우
게 된다는 말을 들었을 때처럼 고집을 꺾지 않았다.

이런 결정을 내리는 건 어려운 일이지만, 때가 되면 그 방법밖

에 남지 않게 되므로 일찍 결정을 내릴수록 모든 사람에게 도움
이 된다.

이용할 수 있는 요양 시설을 찾아보자

이번에는 뭔가 색다른 걸 시도해보자. 지금까지는 한 장을 마무리하면서 형편없는 농담을 던지곤 했는데, 이번에는 시작부터 해보면 어떨까? 이것저것 다 해보는 게 삶의 즐거움이라고들 말하지 않는가.

자, 어디 보자….

어느 화창한 오후, 나이 든 독신 여성 세 명이 노인 전용 아파트의 수영장 옆에 앉아있는데, 70대 후반의 신사가 불쑥 끼어들었다. 한 여인이 그를 보며 큰 소리로 물었다. "새로 입주하신 분인가요? 전에는 뵌 적이 없는 것 같아서요…."

그는 그렇다고 대답했다. 다른 여성이 물었다. "어디 살다 오셨는데요?"

그는 "아내를 살해한 죄로 25년간 복역했다"고 대답했다.

그러자 세 번째 여인이 매우 기뻐하면서 외쳤다. "그러니까, 독신이란 얘기군요!"

아, 이번 농담은 정말 형편없었다. 나도 안다, 안다고….

본인이나 사랑하는 이의 노화가 진행되면 시간제로 혹은 하루 종일 도와줄 사람이 필요하고 선택해야 하는 것도 많아지는데, 각 방법에는 장단점이 있다. 그중 어떤 방법이 모두의 요구에 적합한지 신중하게 검토해야 한다.

다음과 같은 경우를 얘기하는 것이다.

가정 간호 기관 vs. 독립된 간병인

돌봄이 필요한 사람이 집에서 안전하게 지낼 수 있는 상황이라면, 자격 있고 훈련된 간병인을 전일제나 시간제로 제공하는 기관이 많이 있다. 먼저 선택한 기관이 평판 좋고 자격 있는 간병인을 보내주는지, 또 지금이나 장래에 여러분에게 필요한 문제에 조언해줄 자격이 있는지 확인해야 한다.

가정 간병인이 필요한 사람의 나이가 몇 살이든, 환자가 편안히 지내면서 동시에 법적 요건까지 준수하려면 결정하는 사람이 관련된 문제들을 세심하게 고려해서 올바른 질문을 던져야 한다.

응급 상황이 벌어진 뒤에 계획을 세우려고 하지 말고, 미리 환자를 돌볼 준비를 해둬야 한다. 물론 예기치 못한 응급 상황이 발생할 때도 있겠지만, 그럴 때도 문제를 명확히 밝히고 필요한 부분을 조정하자.

일례로, 안나의 의사는 목요일 밤 9시에 전화를 걸어 바로 다음 날 안나가 퇴원해서 집으로 갈 예정이라고 알려주었다. 나는 그가 이전에 알려준 정보에 따라 안나가 요양시설로 간다고 알고 있었다. 흠, 그런데 상황이 순식간에 변한 것이다.

우리는 정확히 12시간 안에 침실을 비워 병실처럼 꾸미고 간병인을 고용해야 했다. 나는 그런 상황이 발생하면 어떤 조치를 취해야 하는지를 몇 주 동안 조사해뒀기 때문에 그 일을 해낼 수 있었다.

이 책의 독자가 사는 지역에 따라 인가받은 가정 간병 기관이 있을 수도 있고 없을 수도 있다는 사실에 유의하자. 캘리포니아도 그런 주들 가운데 하나다.

따라서 자격을 갖춘 가정 의료 기관을 선택할 때는 적어도 사업 면허가 있고, 상해보험에 가입되어 있으며, 도난 보상"담보"라고 함이 포함된 책임 보험에도 가입되어있는 곳을 택해야 한다. 또한 모든 기관은 자기네 기관에 소속되어있는 간호조무사와 직원들에 대한 급여 및 세금 신고 내역과 같은 구체적인 정보도 여러분에게 제공해야 한다.

물어봐야 하는 것들

① 개인 또는 기관에 영업 면허가 있고, 보험에 가입되어있으며, 보장 담보가 있는가? 여러분 본인이나 가족이 고용한 이들이 이민 규정을 모두 충족하지 못할 경우, 그들의 세금을 대신 납부해야 하는 책임을 지게 될 수도 있다. 간병인들 가운데 상당수가 미국 시민이 아니지만 "일할 권리"와 사회보장제도 이용 권리를 보장받으며, 합법적으로 고용될 수는 있지만 세금 납부 요건을 충족하지는 못한다.

또 전문 간병인 중에는 미국 이외의 나라에서 간호사나 의료 보조원, 의사 교육을 받은 사람들이 있는데, 이들은 미국에서 다시 면허를 딸 때까지는 비의료적 간병인이나 보호 간병인으로만 일할 수 있다는 사실에 유의하자.

② 간병인이 자기는 독립 계약자이니 급료를 현금으로 지불해 달라고 했는가? 그럴 경우 장애 소송이나 폭행 배상뿐 아니라 그들에게 발생할 수 있는 모든 안전 및 의료 문제와 상해에 대한 책임도 져야 한다.

③ 간병인들이 1099 세금 양식을 제출했는지 확인하라. 캘리포니아를 비롯한 여러 주에서는 간병인이 세금을 납부하지 않을 경우 고용주가 대신 내야 한다. 이 문제에 대해서는 공소시효가 없거나 비용이 많이 들 수도 있다는 걸 명심하자.

④ 해당 기관에서는 간병인을 직원으로 여기는가 아니면 독립 계약자로 여기는가? 만약 기관에서 그들을 고용인으로 여기지 않는다면, 여러분이 간병인의 세금과 상해보험료를 내야 할 수도 있다.

간병인과 환자

간병인 파견 기관을 선택할 때는, 최소 3년 이상의 간병 경험과 다음과 같은 작업을 수행할 수 있는 기술을 갖춘 사람들을 고용하는 기관을 고르는 게 중요하다.

① 목욕, 옷 갈아입기, 배변 도움실금 간호 포함

② 혈압 모니터링

③ 산소 흡입 모니터링

④ 침상에서 휠체어 또는 침실용 변기로 이동 시 도움. 필요할 경우 호이어 리프트* 사용

⑤ 계속 누워서 지내는 환자 간병 및 자세 조정 기술

⑥ 관절 가동 범위 운동

⑦ 침상에서 휠체어 또는 침실용 변기로 이동 시 보행 감독 및 관찰

⑧ 알츠하이머병이나 치매 환자와의 의사소통

⑨ 당뇨병 환자, 심장병 환자 및 기타 제한된 식단이 필요한 환자에 대한 영양 공급과 수분 공급 지식

또 다음과 같은 선택적 서비스도 제공할 수 있어야 한다.

① 식사 계획 및 준비

② 병원이나 기타 관련 시설에 가기 위한 교통수단 제공 및 이런 서비스에 필요한 보험 가입

③ 간단한 집안일

④ 약 먹을 시간 알려주기

⑤ 병원 동행

⑥ 출퇴근 및 입주 간병

그리고 중요한 사안이 두 가지 더 있는데, 바로 의사소통 능

---

* Hoyer lift. 휠체어 이용자가 이동하고 싶을 때 보조인의 도움을 받지 않고도 휠체어에 오르내릴 수 있게 하는 리프트.

력과 환자와 잘 맞는가 하는 점이다. 간병인이 자기가 돌봐야 하는 사람과 제대로 의사소통을 할 수 있는가? 또 환자가 간병인의 나이나 성격을 마음에 들어 하는가? 그렇지 않은 경우, 기관에서 어떻게 이 문제를 해결해줄 것인지 알고 있어야 한다. 호스피스에서 한밤중에 환자를 힘들게 하는 간병인을 해고하는 일이 여러 번 있었다. 성격 차이와 기분 변화는 환자와 간병인의 관계에 심각한 영향을 미칠 수 있다.

반드시 간병인 파견 기관의 경영진을 만나서 그들이 마음에 드는지 확인하고, 의사소통 프로세스를 제대로 알아두도록 하자. 문제가 발생하거나 예상치 못한 일 때문에 사랑하는 이를 돌보는 데 방해를 받는 경우, 기관 책임자와 항상 연락이 닿을 수 있는지 확인하자. 간병인은 또 환자의 기분이 어떻든 간에 그들을 가혹하게 대해서는 안 된다는 걸 명확히 알고 있어야 한다.

환자를 간병인과 함께 집에서 돌보는 게 불가능해 다른 시설로 옮겨야 하는 경우, 모든 관련자의 조언을 종합해서 현재 이용가능한 시설을 파악하고 그들이 어떻게 여러분의 요구에 부응해줄 수 있는지 신중하게 판단해야 한다.

또 이런 일에는 금전적인 문제도 관여되기 마련이다. 그러므로 최선의 방법을 결정할 때는 모든 추가 비용실제 비용 및 숨겨진 비용을 자세히 검토할 필요가 있다.

시설을 선택할 때는 항상 다음과 같은 점들을 유념해야 한다.

① 제공되는 음식을 기준으로 선택해서는 안 된다. 최상의 조건을 갖춘 "요양 시설"에서 제공하는 음식은 집에서 요리하거나 식당에서 판매하는 것과 다를 것이다.

② 그곳은 요양 시설이므로, 무염 식단, 당뇨병, 위장 장애 같은 환자의 다양한 요구를 충족시켜야 한다.

③ 시설에서 쇼핑, 병원 방문 등을 위한 교통 서비스를 제공하는지, 또 이용시 추가 요금이 부과되는지 알아둬야 한다.

④ 시설에서 거주자에게 제공하는 활동이 여러분에게 적합한지 확인한다. 시설 내부에서 진행되는 활동 뿐 아니라 외부 행사도 중요하다.

⑤ 그곳이 의료 인가를 받은 시설이라면, 의사가 그 시설로 왕진을 갈 수 있는지 알아야 한다.

⑥ 시설이 인가를 받았는지, 무엇에 대해 인가를 받았는지 확실하게 파악한다.

⑦ 직원이 어떤 교육을 받았고 관련 면허는 있는지 물어본다.

⑧ 몸 상태가 달라지면 다른 시설로 옮겨야 할 수도 있다.

⑨ 해당 시설에 거주하는 사람들을 만나 그들의 신체적, 정신적 능력을 알아본다. 거주자들은 나이가 들기 전에는 굉장히 따뜻하고 동정심이 많은 사람이었을 수도 있지만, 노화

로 인해 성격이 바뀌는 경우가 많다는 걸 명심하자.

⑩ 마지막으로, 어떤 시설에 들어가든 그곳에 적응하고 사람들의 성격이나 그들 사이의 상호작용을 이해하려면 시간이 걸린다는 걸 알아야 한다.

자, 숨을 한번 크게 쉬어보자.

기억해야 할 정보가 가득한 부담스러운 부분은 이제 끝났다.

그러니 숨을 돌리고 다음 부분으로 넘어가자.

조만간 다시 농담으로 돌아갈 수 있을 것이다.

하지만 인생의 마지막 단계에서는 가볍게 웃어넘길 수 있는 문제만 생기는 게 아니다. 그러니 계속 얘기를 이어가야 한다. 설마 정말로 끝났다고 생각한 건 아니겠지?

아직은 아니다. 살펴봐야 할 사안이 몇 가지 더 있다. 일찍부터 결정해둬야 하는 가장 중요한 일 하나는 나이가 들면서 필요한 병원비를 지불할 방법이다. 우리 가족을 보호하기 위해 일찍부터 적절한 생명보험에 가입하거나 저축을 하거나 그 외의 다른 방법들을 동원하는 것도 물론 중요하지만, 내가 깨달은 바에 따르면 가입 당시에는 미처 몰랐지만 장기 건강 보험에 가입해두는 게 이 문제를 해결하는 데 있어서 가장 중요하다.

사람들의 수명이 전보다 늘었기 때문에, 이런 보험은 가입하기가 힘들고 비용도 많이 든다. 하지만 이걸 우선적으로 선택했을 때 얻을 수 있는 이점은 아무리 강조해도 모자랄 정도다.

성인 주간 보호 시설

종합적인 건강 및 사회 지원 서비스를 제공하는 주간 보호 서비스다. 일반적으로 이런 시설들은 현장 간호사, 치료사, 사회 복지사, 기타 보건 전문가들을 보유하고 있다. 이들은 또 하루 종일 또는 그보다 짧은 시간 동안 노인을 위한 건강과 사회 지원 서비스가 혼합된 프로그램을 제공할 수 있다.

알츠하이머병 시설

이런 곳은 대개 인가받은 시설이거나 더 큰 시설에 속한 특수 치료 시설인데, 행동의 제약이 덜한 이들을 위한 다른 치료 시설도 여기 포함될 수 있다. 이런 시설은 알츠하이머병이나 치매 진단을 받은 사람들을 위해 안전하고 통제된 환경에서 중등도의 간호, 의료, 재활 치료를 제공한다.

노인 생활 지원 시설

이런 시설은 개인의 자립 능력을 극대화하며, 전문적인 간호나 지원 프로그램을 제공하는 시설보다 낮은 수준의 지원을 제공한다. 일반적으로 호출만 하면 시간에 상관없이 언제든 도움을 받을 수 있고, 목욕과 옷 갈아입기, 식사, 청소 등의 개인 및 가사 관리 지원을 제공한다.

앞서 언급한 시설 중 일부에는 특수 치매 치료 시설이 포함되어있어서 음식물 섭취, 관절 가동 범위 관리 등 더 높은 수준의 개인 간병 서비스를 제공한다. 그러나 메디케어는 일반적으로 이런 시설에서 받는 치료비를 보장하지 않으므로, 기억 상실이나 다른 신체적, 정신적 장애가 시작되는 사람들은 혜택을 받지 못할 수도 있다. 또 2015년부터 시작된 미국 정부 의료 프로그램 변화는 가정 간호 종사자에게 지급하는 비용에도 많은 영향을 미칠 것이다. 이로 인해 꼭 필요한 치료를 비용 부담 때문에 받지 못하는 이가 많아진다.

또 이런 시설들을 잘 조사해서 의료 시설로 인가를 받았는지 판단하는 것도 중요하다. 대부분의 시설은 인가 없이 운영되기 때문에, 긴급하게 필요할 때 문제가 될 수 있다.

계속해서 다른 시설들도 살펴보자.

재가 요양 서비스

이건 거주지 중심의 시설로, 대개 가정집 같은 분위기에서 최대 10명 정도의 개인에게 가벼운 수준의 간병 서비스를 제공한다. 이런 시설은 면허나 인가를 받지 않고도 운영할 수 있으며, 주거용 의료 시설이라고도 부른다.

회복기 요양소 / 전문 요양 시설 SNF

재활 치료가 필요하거나 기능적, 인지적 손상으로 인해 더 이상 혼자 살 수 없는 개인에게 안전한 치료 환경을 제공하는 국가에서 인가한 시설.

다시 한번 말하지만, 이런 시설들도 입소 전에 미리 방문해서 그곳 분위기와 직원들의 태도, 거기에서 제공하는 서비스가 마음에 드는지 확인해봐야 한다. 이런 곳에서는 다른 환자들과 방을 함께 쓰는 경우가 많은데, 정신적인 장애 때문에 룸메이트들이 제대로 수면을 취하지 못하게 방해하는 이도 종종 있다.

주거 보호 시설

이런 시설에서는 고령자나 장애인, 그리고 여러 가지 신체적 제약 때문에 혼자 살 수 없는 사람들에게 개인적인 보살핌과 간병 서비스를 제공한다. 이 시설은 일반적으로 방과 식사, 감독 기능을 제공한다. 또 알츠하이머병이나 발달 장애 같은 특수한 문제를 전문적으로 다룰 수 있다. 이때도 이용하려는 곳이 허가받은 시설인지 조사하는 게 좋다.

임시 간호 서비스

이런 시설은 기능적, 인지적 장애를 가진 사람들을 일시적 또는 간헐적으로 돌봐줌으로써 보호자들이 끊임없는 간병의 굴레에서 잠시나마 벗어날 수 있게 해준다. 가정이나 지역사회, 시설 등에서 야간에도 이런 보살핌을 제공할 수 있다.

노인 공동 생활체

흔히 55세 이상 시니어 주택 또는 55세 이상 아파트 커뮤니티라고 부르며, 거의 모든 부분에서 독립적으로 생활할 수 있는 고령자들에게 주거지와 지원 서비스를 제공한다. 여기서 제공하는 서비스에는 집안일, 식사 준비, 사교 활동, 레크리에이션 활동, 교통편 등이 포함된다.

호스피스 케어

어떤 사람이 생의 마지막 단계에 왔다고 판단되면, 의사는 대개 호스피스 케어를 권한다. 여기서 제공하는 서비스는 개인의 특정한 요구에 맞춰 조정된다. 환자가 집에 있든 아니면 앞에서 언급된 시설에 머물든, 의료진이 필요한 게 뭔지 알려줄 것이다.

휴! 자신의 노년에 대해 생각하는 건 역시 별로 재미없는 일이다.

모든 노인에게는 대변인이 필요하다

나이 들어간다는 건 자기가 저지르지도 않은 범죄 때문에
점점 더 많은 처벌을 받는 것과도 같다.

_안소니 파월

우리가 자기 집이나 시설에서 신체적 또는 정신적 문제를 겪을 때, 그리고 의사의 치료를 받거나 호스피스에 있을 때도 우리와 가까운 사람, 즉 가족이나 친구 중 한 명은 우리가 받는 치료와 간호에 대해 제대로 알고 있어야 한다. 왜냐고? 누가 어떤 일을 해야 하는지를 놓고 서로 의견이 일치하지 않는 경우가 자주 있기 때문이다. 예를 들자면 이런 경우다.

① 약물의 경우 투여하는 약이 자주 바뀌기 때문에 혼란스러울 수 있다. 여러분의 대변인옆에서 도와주는 사람은 의사가 내

린 최신 지침을 제대로 이해하고 갈등을 해결해야 한다. 간병인이 투약 내용을 정확히 모르거나 최근에 바뀐 정보를 모르는 경우가 많기 때문이다.

② 안나는 숨을 거두기 전 몇 주 동안 감염 때문에 열이 났다. 의사는 안나의 체온이 38°C까지 오르면 특정한 약을 주라고 내게 지시했는데, 간병인이 그 지시를 오해하고 약을 주는 걸 거부했다. 아내의 대변인인 나는 의사에게 전화를 걸어 내가 이해한 내용이 맞다는 걸 확인받아야 했다.

③ 식사 문제로도 간병인들 사이에서 의견 충돌이 빚어질 수 있다. 때때로 환자가 특정한 음식을 원하는데 간병인이 그걸 주지 않는 바람에 환자가 기분 나쁜 반응을 보이게 된다. 그 이유를 살펴보면, 간병인이 참조한 의사의 지시가 최신 버전이 아니라서 그런 경우가 자주 있다.

④ 수면 시간, 개인 간병, 보행 요구 및 기타 관련된 문제들이 환자를 대신해서 내리는 결정에 영향을 미칠 수 있다.

⑤ 안나는 폐에 물이 자주 찼기 때문에 사흘에 한 번씩 물을 빼내야 했다. 때로는 방문 간호사가 이틀 뒤에 와서 안나를 진찰한 뒤 물이 차지 않았다면서 4일간 기다리라고 할 때도 있었다. 하지만 그건 잘못된 판단이었고, 안나는 심각한 호흡 장애를 겪기 시작했다. 의사에게 전화를 거니, 곧바로

다른 간호사를 보내서 폐에 찬 물을 빼줬다.

대변인이 있어야 하는 이유는 여러분을 간병하는 사람이 치료를 담당하는 이들과 제대로 의사소통을 했는지 확인하기 위해서다. 아플 때 여러분과 매우 가까운 사람을 옆에 두는 것은 적절하고 효율적인 간병에 절대적으로 중요하다. 간병인, 심지어 병원 직원들도 항상 정확한 정보를 알고 있으리라고 가정해서는 안 된다. 나중에 후회하지 말고 미리 조심하자.

내가 한 번도 아니고 세 번씩이나 깨달은 사실은, 50세가 되자마자 자신이 아프거나 사고를 당하거나 아니면 그냥 나이 들어가는 과정에서 대변인 역할을 해줄 가까운 사람을 정해놓는 게 꼭 필요하며 그렇게 해야 하는 중요한 이유가 있다는 것이다.

병원과 요양소는 매우 바쁘고 직원들은 스트레스가 심한 환경에서 일하는 경우가 많다. 이런 상황에서 환자들은 본인에게 필요한 관심을 받기가 매우 어려우며, 이 때문에 가뜩이나 심하던 스트레스가 더 심해진다.

이와 관련해 우려할 만한 또 하나의 주요 쟁점은 나이 든 사람이 치료시설이나 요양시설에 들어가면 그를 성인이 아니라 남에게 의존하는 어린아이처럼 취급한다는 것이다. 직원들이 헌신적이고 자기가 맡은 역할을 잘 알더라도, 자신의 업무와 환자의 개인적인 걱정이나 두려움 사이에 벽을 세우는 일이 많다. 이것이 환자에게 끔찍한 고통을 주며, 결국 분노와 좌절감 속에 홀로 남겨지곤 한다.

따라서 가까운 곳에 사랑하는 사람, 그들이 간절히 바라는 관심을 줄 수 있는 사람이 있는 게 매우 중요하며, 이를 통해 환자의 만족도가 크게 달라질 수 있다.

안나가 살 날이 얼마 안 남았을 때, 내 오른쪽 다리 동맥을 수술해야 한다는 진단을 받았다. 외과의의 진료실에서 진행되는 비교적 간단한 시술이고 회복하는 데도 며칠밖에 걸리지 않을 것이라고 들었다.

하지만 일이 계획대로 풀리지 않았다. 한 친구가 나를 병원에 데려다주고 수술이 끝난 뒤에는 집까지 바래다줬지만, 불행히도 다리 신경이 손상됐고 수술 이틀 후에는 극심한 통증 때문에 서둘러 병원을 찾기도 했다.

안나는 날 도와줄 상황이 절대 아니었고 아이들은 모두 우리 집에서 멀리 떨어진 곳에 살았기 때문에, 나는 혼자 병원에 입원해 심한 통증에 시달리면서 아내 생각만 했다. 내 주치의들은 늘 연락이 닿지 않았고, 시설에서 일하는 직원도 도움이 되지 않았다. 거기에는 나를 대변해줄 사람이 아무도 없었다.

이것 때문에 1년 넘게 국내 최고의 전문가들을 찾아다니고, 알려진 모든 진통제를 복용하고, 온갖 검사란 검사는 다 받았지만, 문제는 해결되지 않았고 심한 통증은 여전히 남아있다. 걷는 것도 점점 힘들어졌다.

결국 이 고통을 무시하고 최대한 평범하게 살거나 아니면 휠체어에 앉아서 완전히 무력하게 지내야 한다는 결론에 도달했다. 나는 삶을 선택했고 고통과 함께 살아가겠다고 결심했다. 그리고 그것은 매우 현명한 결정임이 입증되었다.

나는 종종 이 사례를 1989년에 겪은 일과 비교하곤 한다. 당시 60세였던 나는 1964년에 진단받은 크론병* 때문에 당장 수술을 받지 않으면 곧 죽을 것이라는 말을 들었다.

안나는 그 길고 힘든 수술과 회복 기간 동안 내 옆에 있으면서 아주 훌륭한 대변인 역할을 해줬다. 그녀 덕분에 당시의 힘든 과정을 손쉽게 거칠 수 있었다.

이때의 경험을 바탕으로, 나중에 미국 염증성 장질환 협회CCFA의 산페르난도 지부장이 되었다. 그리고 몸을 쇠약하게 하는 이 질병을 앓았거나, 치료에 관여하거나, 앓을 위험이 있는 사람들과

---

*소화기관인 대장, 장, 항문 등에서 발생하는 만성 염증성 장 질환.

함께 일했다. 내가 하는 역할은 공개 세미나에 참석하거나 치료법 연구를 지원하기 위한 돈을 모금하는 것이었다. 배우 겸 코미디언인 켈시 그래머가 프로젝트를 도와주었다.

이와 관련된 사례 두 가지를 추가로 얘기하고 싶으니, 너그럽게 읽어주기 바란다.

70대 초반의 은퇴한 교사인 샤론은 서던 캘리포니아에 혼자 살았다. 그녀는 여동생이 두 명 있었는데 둘 다 샤론의 집에서 조금 떨어진 다른 도시에 살았다.

샤론은 췌장암 초기 단계였다.

당시에 막 캘리포니아로 돌아간 나는 그녀 집 근처에 살았다. 나는 오렌지카운티에 있는 캘리포니아 간호협회에서 호스피스 간병인으로 자원봉사를 했는데, 샤론을 방문해서 그녀에게 어떤 도움을 줄 수 있는지 알아보라는 요청을 받았다.

협회에 소속된 자원봉사자들은 모두 자기 이름이 적힌 배지를 달고 있었다. 내 배지에는 '버니'라고 적혀있었다. 내가 샤론을 처음 방문했을 때, 마침 그녀의 여동생 중 한 명도 언니를 만나러 와 있었다. 나는 샤론과 한 시간 정도 얘기를 나눈 다음, 앞으로 매주 만나러 오기로 약속을 정했다.

다음 날 사무소에서 내게 전화를 걸어, 샤론의 여동생이 샤론의 부탁으로 전화를 했는데 다시는 자기를 만나러 오지 말라고 했다는 것이다. 물론 당황스러웠지만 그걸 문제 삼지는 않았다.

2주 후에 사무소에서 다시 전화가 왔다. 샤론의 여동생 두 명이 샤론을 만나러 와 있는데, 그들은 내가 와서 샤론의 문제 해결을 도와줬으면 한다고 했다. 그래서 약속을 잡고 그 집에 가보니, 여동생 두 명이 밖에 나와서 기다리다가 지난번에는 오지 말라고 해서 미안하다며 사과했다. 그들에게는 최근에 죽은 버니스라는 자매가 있는데 샤론이 내 이름표에 적힌 '버니'라는 이름을 보고 죽은 자매를 떠올렸다는 것이다. 그들이 이름표를 떼 달라고 부탁하기에 그렇게 했다. 그리고 집으로 왕진을 와주지 않는 의사에게 샤론을 데려가 달라는 부탁도 받았다. 나는 그 일을 했고, 그 뒤에도 계속 샤론과 함께 시간을 보냈다.

샤론의 여동생들은 그녀의 대변자였고, 대변자들은 사랑하는 이를 돌보는 데 중요한 역할을 한다.

이름표처럼 사소한 사실은 그렇지 않았지만 문제에서도 그렇다.

모든 노인이 공유하는 가장 큰 비밀은 70~80년이 지나도 사람은 변하지 않는다는 것이다.
변하는 건 몸뿐이다.

_익명

내 친구 래리는 공무원이었는데 50대에 폐암에 걸렸다. 유명한 사업가인 그의 아내는 남편의 병을 받아들이려고 하지 않았다. 그들 부부에게는 자녀가 없었다.

래리의 아내는 남편의 치료법이나 그와 관련된 결정에 관여하고 싶어 하지 않았다. 그녀는 매일 아침 일찍 출근했고 밤에는 저녁 식사가 끝난 뒤에 돌아왔다. 그는 호스피스 케어를 받았고, 이웃들이 최선을 다해 도와주었다.

나는 해당 호스피스에서 제공하는 프로그램에 관한 오찬 연설을 해달라는 부탁을 받았는데, 그중 하나는 여성 사업가들이 대상이었다.

행사장에 도착한 나는 한 여성이 방에서 걸어 나오는 모습을 봤다. 래리의 집에서 아내 사진을 본 적이 있기 때문에 한눈에 그 사람이라는 걸 알아차렸다.

내가 한 연설 내용은 환자를 대변하는 문제와 기타 호스피스 케어에 관한 것이었다. 연설이 반쯤 진행되었을 때, 래리의 아내가 방으로 돌아와 문 근처에 서 있는 것이 보였다.

연설을 마치고 자리에 가서 앉으려던 순간, 그녀가 다가와서 이렇게 말했다. "제가 누군지 아실지 모르겠는데, 전 래리의 아내예요."

내가 안다고 말하자 그녀는 가버렸다.

그날 오후에 내 사무실에 돌아와 있는데 호스피스 사무소에서 전화가 왔다. 전화를 건 임원은 "오늘 뭘 하셨나요?"라고 물었다. 그래서 여성 경영진들을 대상으로 연설을 했다고 하자 그녀는 이렇게 말했다. "아뇨, 선생님은 오늘 멋진 다리를 놓으셨어요."

그게 무슨 말이냐고 물었더니, 래리의 아내가 호스피스로 전화를 걸어 남편을 돌보는 일에 그토록 무관심했던 걸 울면서 사과했다는 것이다. 그러면서 남편을 돌보기 위해 자기가 뭘 해야 하는지 알려달라고 부탁했다.

래리는 1년 반을 더 살았고, 그의 아내는 남편 곁을 지키면서 필요한 모든 보살핌을 제공했다.

> 사랑은 자기가 좋을 때만 남들에게 주는 게 아니다.
> 힘들 때 나누는 사랑이 가장 중요하다.
>
> _나

또 농담이다. 형편없는 농담.

나는 여러분이 이 책을 읽으면서 무거운 주제에 짓눌리지 않았으면 한다. 물론 나이 드는 건 별로 재미있는 일이 아니고, 내 유머도 그렇지만 말이다. 검버섯이나, 주름도 마찬가지고…

그러니 잠시 쉬면서 지독한 개그나 하나 들어보자 우리가 마지막을 준비하는 동안 이 개그에 배꼽 잡고 웃게 되길 바란다.

경찰관이 어떤 나이 지긋한 여성을 과속으로 잡았는데, 그녀는 남편을 약속 장소로 데려다주는 길이었다. 경찰관은 그녀의 차를 세운 이유를 설명했지만, 그녀는 계속 남편을 향해 물었다. "응? 방금 경찰관이 뭐라고 했어요?"

남편은 말했다. "당신이 과속해서 차를 세웠대요."

경찰관은 그녀에게 운전면허증을 보여 달라고 했다. 그녀는 이번에도 남편에게 물었다. "뭐라는 거예요?"

남편은 "운전면허증을 보여 달래요."라고 대답했다. 건네준 운전면허증을 본 경찰관은 그녀가 브라운스빌에서 왔다는 걸 알았다.

그는 자기도 그 도시가 어떤 곳인지 기억나는데, 사실 그곳에서 인생 최악의 성 경험을 했다고 말했다.

노파는 다시 남편에게 물었다. "저 사람이 뭐라는 거예요?" 남편이 대답했다. "저 사람이 당신을 안대요."

죽을 때가 다 된 80세의 남자가 침대에 누워있다. 50년간 함께 산 그의 아내가 남편의 침상을 지켰다. 남자가 눈을 뜨고 아내에게 말했다.

"아이다, 생각해보니까, 몇 년 전에 내가 폐렴에 걸렸을 때도 당신은 옆에서 날 돌봐줬어요. 작년에 심장 수술을 받았을 때도 그랬고요. 이번에는 전립선암에 걸린 나를 또 이렇게 돌봐주고 있네요. 아이다… 당신은 정말 운이 없는 것 같아요!"

자, 여러분이 날 방 밖으로 던져버리기 전에 하나만 더 하겠다.

보험 설계원인 70대의 필이 퇴근길에 쇼핑센터에 들렀다. 오랫동안 함께 살아온 70대 중반의 부인 낸시를 위해 꽃을 좀 사 가려고 그런 것이다. 꽃가게를 나서다가 사탕 가게를 발견한 그는 아내에게 줄 초콜릿도 한 상자 샀다.

집에 도착한 그는 꽃과 초콜릿을 양손 가득 들고 벨을 눌렀다. 낸시가 문을 열었다. 낸시는 필이 들고 있는 것들을 보고는 울기 시작했다. 필은 "왜 울어요?"라고 물었다.

"오늘은 정말 끔찍한 하루였어요. 제일 좋아하는 케이크 접시를 떨어뜨려서 깼고요, 친구들 몇 명이랑 점심을 먹기로 했는데, 친구들이 아프다며 약속을 취소했어요. 전화기가 고장 나는 바람에 온종일 수리 센터에 연락하느라 진을 다 뺐고요. 그런데 이제 당신까지 술에 취해서 들어오다니!"

감사합니다, 신사 숙녀 여러분. 다음 주에는 라스베이거스에서 공연할 예정입니다.

의료 경보 시스템은
노인의 안전에 필요하다

내가 왜 이 책을 썼을까? 그냥.

아니, 농담이다.

뻔뻔스럽게 굴면서 구시대적인 유머를 자주 들먹이긴 하지만그래도 그 농담이 진짜 형편없다고 생각하지는 말아주기를 진심으로 바란다… 그래도 신경 쓰는 것들이 여러 가지 있다.

여러분이 계획을 잘 세우고 있는지 신경 쓰인다. 그리고 정말 준비를 잘해서 다가올 그날을 대비하고 있는지도. 본인은 아직 괜찮더라도 사랑하는 이들에게 '닥쳐올 그날에도 대비해야 한다.

의료 경보 및 지원

내가 80번째 생일을 맞았을 때, 안나와 나는 위급한 상황이 발생할 경우에 대비해서 우리 집에 의료 경보 시스템을 설치하는 게 좋겠다고 결정했다. 당시 안나는 예순여덟 살이었고 우리 둘 다 건강하고 활기차게 지내고 있었다. 당시에는 우리가 내린 결정이 안나의 병이 진행되는 동안 얼마나 중요한 역할을 하게 될지 몰랐다.

1년 뒤, 안나가 항암 치료를 받은 지 2년째 되던 해에 가정부는 집안일을 하게 놔두고 우리끼리 병원에 가려고 준비하고 있었다. 그때 갑자기 전화벨이 울렸고, 안전해 보이던 우리의 일상이 산산 조각났다. 긴급 구조대는 우리 집에서 누군가가 쓰러졌다는 신호를 받았다고 했다.

우리 집 가정부 루이자와 내가 재빨리 안방에 딸린 욕실로 달려갔더니 안나가 바닥에 누워있었다. 응급 구조대원들이 신속하게 파견되었다. 안나는 병원으로 이송되었고, 그 후 재활시설에서 두 달을 보냈다. 만약 우리 집에 그 시스템이 설치되어있지 않았다면 어떤 결과가 벌어졌을지 알 수 없는 일이다. 하지만 덕분에 안나는 1년을 더 살 수 있었다.

시중에 다양한 시스템이 많이 나와 있지만, 그중에서도 일이 생겼을 때 여러분 집으로 곧장 전화를 해주고 응급 구조대에도 바로 경보를 보내는 시스템을 선택하고, 여러분에게 연락이 닿지 않을 때를 대비해서 대신 연락할 사람의 이름과 전화번호를 반드시 시스템 운영자에게 제공해야 한다. 그리고 이 사람이 여러분의 집에 쉽게 접근할 수 있게 해두자.

집에 같이 사는 사람이 한 명 이상 있다고 해서, 사고가 일어났을 때 다른 사람이 반드시 그 자리에 있거나 그런 일이 일어났다는 걸 알아차릴 것이라고 가정하지 말자.

우리 자신이나 사랑하는 이들을 어디에서 어떻게 돌볼지 결정하기 전에, 이 책에서 제기한 모든 문제를 주의 깊게 살펴보는 것이 현명하다. 그리고 반드시 주치의와 이 문제를 상의해서 선택한 시설에서도 계속 해당 의사의 치료를 받을 수 있는지, 받을 수 있다면 어떻게 연락해야 하는지 알아둬야 한다.

노화는 탄생부터 죽음까지 계속 이어지는 성장과 발전의 과정이다.
노년은 인생의 필수적인 부분으로, 자아실현을 통한 성취감을 안겨준다.
나이를 먹는 건 우리의 업적이며, 힘과 생존의 결과물이라고 생각한다.

_마거릿 쿤

고령 인구가 급속도로 증가함에 따라 1인당 노인 요양 시설 수는 줄고, 기관에서 관리하는 숙련된 가정 간병인의 필요성이 증가하고 있다. 그들을 고용하는 비용 또한 엄청나게 치솟고 있기 때문에, 의료 산업이 심각한 재정 위기에 직면해있다.

의료 부문 종사자들에게 영향을 미치는 이주 문제 외에도이들 가운데 상당수가 합법적 이주자들이다. 가정 의료 기관과 간병 시설은 워낙 예산이 빠듯한 데다, 2015년의 연방 최저 임금 규제 변화로 인해 훨씬 많은 비용을 부담하게 될 것이다. 이런 문제 때문에, 어떻게 관련 기관이나 우리가 재정적인 부담을 감수할 수 있을까 라는 의문이 제기된다.

조사 과정에서 가정 간병인들뿐만 아니라 다양한 시설에서 일하는 수십 명의 간병인들을 인터뷰했는데, 그들이 하는 이야기는 거의 대동소이했다.

45세의 러시아 이민자인 라라는 미국에 3년간 합법적으로 체류하고 있다. 그녀는 기혼자고 다 큰 아들이 있다. 남편은 일용직 노동자로 일한다.

라라는 매우 유명한 요양 시설에서 숙련된 간병인으로 일하고 있다. 그녀는 이 시설에 시간제로 고용되어 최저 임금을 받고 있기 때문에 요양원 측은 초과 근무 수당이나 다른 혜택을 제공하지 않아도 된다. 그래서 라라는 생계를 유지하기 위해 여러 가지 일을 하면서 장시간 노동에 시달린다.

그녀의 고용주들은 모두 똑같은 재정 문제를 겪고 있기 때문에, 지불 능력을 유지하면서 동시에 입주자들을 끌어들이기 위해서는 예산을 엄격하게 통제해야 한다.

미리 계획을 세우고 준비하는 게 중요하다는 건 바로 이런 이유 때문이다. 그건 여러분이 미국에 살지 않더라도 마찬가지다.

미시간 주립대학교에 다닐 때, 이 학교에서 공학을 전공하는 고등학교 시절 친구가 세 명 있었다. 어느 날 밤, 우리가 좋아하던 술집에서 저녁을 먹으면서 인간의 신체와 그 형성 방식에 대해 토론을 벌였다.

그중 한 명이 말하기를, 우리 몸의 관절이 어떻게 연결되어있는지 자세히 살펴보면 기계공학자가 인체를 설계한 게 분명하다고 했다.

하워드는 신경계 접합 방식을 보면 틀림없이 전기 공학자가 손을 댄 거라고 말했다.

돈은 두 사람의 의견에 전혀 동의하지 않으면서, 쾌락을 위해 존재하는 부분에 유독성 파이프라인을 설치하는 건 토목 기사만 할 수 있는 일이라고 추측했다.

여기서 요점은, 누구도 정확히 모른다는 것이다. 숙련된 간병인도 모른다. 하지만 아마 그들이 여러분보다는 많이 알고 있을 것이다. 그러니 그들이 여러분과 다른 언어를 쓰더라도, 그들을 존중하면서 협력하자.

시력을 잃었을 때 대처할 방법을 찾자

나이는 중요하지 않다. 우리에게 중요한 건 호기심이다.
나는 어린 시절에 느낀 경이로운 기분을 잃지 않으려고 애
쓰면서 젊음을 유지해왔다. 지금도 내가 사는 세상에 대한
호기심이 강해서 다행이라고 생각한다.

_헬렌 켈러

앞서도 말한 것처럼 시력은 모든 감각 중에서 가장 중요한 감
각일지도 모른다. 우리의 일상생활과 활동에 가장 큰 영향을 미
치는 경우가 많기 때문이다.

우리 주변에서 무슨 일이 일어나는지 볼 수 있는 능력을 잃는
것, 사랑하는 이들을 바라보거나 자신의 자녀와 손자, 증손자가
성장하는 모습을 지켜보지 못하는 건 정말 충격적인 일이다.

게다가 몸이 아파서 혼자 있는 시간이 아주 길어질 때, 책을 읽지도 못하고 텔레비전을 보지도 못하고 밖에 앉아서 달과 태양, 별을 바라볼 수도 없다면 견디기가 너무 힘들다.

내 사랑 안나는 시각장애인들과 함께 일했기 때문에 나는 모든 연령대의 시각장애인과 얘기를 나누고, 배우고, 함께할 기회가 있었다. 실제로 안나는 시각장애인을 위한 주립 재활국에서 일하다가 은퇴한 뒤에도, 생의 마지막 5년 동안 로스앤젤레스에 있는 시각장애인 센터에서 노령 시각장애인들을 위한 특별 세미나를 개최하곤 했다.

일상적인 활동에 적극적으로 참여하다가 중년에서 노년으로 넘어갈 무렵에 갑자기 시력을 잃은 전문가가 많다. 하지만 우선 시력 손상과 실명이라는 주제와 관련된 내 개인적인 경험부터 얘기해보겠다.

오래 전, 아직 대학에 다니던 중에 디트로이트 시내에 있는 피플스 아웃피팅 컴퍼니라는 대형 백화점에 취직하게 되었다. 그 백화점 소유주 중 한 명인 와인만 가문의 사위 헨리 모지스에게는 시각장애인인 아들이 있었다.

헨리는 나를 자기 차에 태워서 출근시켜 주곤 했는데, 한 번은 자기가 얼마 전에 지은 모서리 없는 집에 대한 얘기를 했다. 모든 방이 둥근 모양으로 되어있어서, 아들이 집안을 돌아다닐 때 방해받는 일이 없다고 했다.

게다가 헨리와 다른 가족들은 모두 조명도 없는 어두운 지하실에 들어가 눈을 가리고 몇 시간씩 계속 지내면서 시각장애인이 겪는 여러 가지 문제에 대처하는 훈련을 받았기 때문에, 아들이 사는 세계를 좀 더 잘 이해할 수 있었다.

안나는 결혼해서 20년간 영국에 살면서 런던에 있는 유대인 시각장애인 협회에서 일했고, 이곳에서 시각장애인 전문가로 유명해졌다. 안나는 자기도 그 기술을 배웠고 업무에 적용하려고 연습도 해봤다고 한다.

라스베이거스 호텔·카지노 기업가로 유명한 스티브 윈은 60년 넘게 시력 감퇴로 고생했다. 그는 이 질병을 연구하기 위한 대규모 재단도 설립했고, 도박업계에서 성공해 번 돈으로 시각장애가 있는 이들이 행복하고 생산적으로 살아갈 방법을 찾도록 도와줬다.

스티브와 그의 가족은 1960년대 중반에 라스베이거스로 이사한 후부터, 시력에 문제가 있는 이들이 살아가는 데 필요한 자원을 얻을 수 있도록 꾸준히 노력했다. 우리는 삶에 지대한 공헌을 한 그들에게 깊이 감사해야 한다.

시력에 문제가 있는 이들이 자신이 겪는 어려움을 보상받는 데 필요한 도움과 지원을 받을 방법은 여러 가지다. 전국 각지에 점자 연구소와 시각장애인 센터 같은 단체들이 있다. 그리고 시력 문제가 있는 모든 연령층의 사람들을 돕기 위한 세미나와 재택 훈련 프로그램 같은 다양한 프로그램도 진행 중이다.

또 이런 단체들은 시각장애인의 삶을 편하게 만들어주는 큰 활자 책과 오디오 북, 기타 여러 가지 보조 기구도 만든다.

캘리포니아 주정부 기관에서 일하다가 퇴직한 안나는 시각장애인 센터에서 참석자들이 관심을 보이는 모든 세속적인 주제들에 대해 매주 세미나를 열었다.

나는 세미나 참석자들 앞에서 내가 쓴 글이나 외식 산업계에서 하는 업무 등에 관한 강연을 해달라는 요청을 자주 받았다. 이런 자리에 가면 열렬한 환영을 받았기 때문에 늘 기분 좋게 강연할 수 있었다.

세미나에 참석하는 이들은 대부분 태어날 때부터 맹인이거나 점점 시력을 잃어가고 있었지만, 그래도 힘든 환경에서도 열심히 일하는 이 분야 전문가들의 도움을 받아 적극적으로 살아갈 방법을 모색하고 있다.

여러분이 사는 곳에도 시력 문제를 극복하고 살아갈 수 있는 방법을 알려줌으로써 여러분의 삶이 훨씬 나아지도록 도와주는 단체가 있을 것이다.

신체적 장애를 가지고 태어난 사람들의 삶도 평범한 일상이 모여서 이루어진다. 물론 그들도 하루하루를 잘 보내려면 주변의 사랑과 도움, 격려가 필요하겠지만. 보는 능력이나 신체적인 기능을 갑자기 잃어버린 사람에게는 일상이 무서운 경험이 될 수도 있다.

죽을 준비가 되었는지 자신에게 물어보자

우리는 이 책에서 거의 한평생을 함께 보냈다! 정말로. 기분 전환 삼아 웃기려고 하는 말이 아니다.

우리가 정말 "핵심"에 다가와 있다면… 여러분의 삶의 의미는 무엇인가?

아직 이 질문에 제대로 답하지 못한다면, 자신에게 다음과 같은 질문을 던져보자. 만약 오늘이 여러분 인생의 마지막 날이 될 것이라는 걸 안다면, 이 하루를 어떻게 보내고 싶은가?

이 질문에 대한 답은 인생의 의미를 명확히 하는 데 도움이 될 것이다.

내 경우, 자신이 곧 죽으리라는 사실을 안다면 마지막 날에 일어나서 다음과 같은 일들을 할 것이다.

① 가까운 가족과 친구에게 내가 얼마나 사랑하는지 말한다.

② 어려움에 처한 사람을 돕는다.

③ 내가 항상 좋아하던 일을 한다.

④ 그리고 집으로 돌아와서, 내가 가슴 깊이 사랑하는 여자의
품에 안겨 마지막 시간을 보낸다.

하지만 비록 오늘이 내 인생의 마지막 날이라는 사실을 모르
더라도, 이것이 마지막까지 행복하고 의미 있는 삶을 살기 위해
내가 원하는 방법이다.

내 말이 무슨 뜻인지 알겠는가? 이건 전부 삶의 명확한 목표
와 관련이 있다.

4년 전에 누군가 나에게 인생의 의미가 뭐냐고 물었다면 틀림
없이 내 일을 계속하고, 건강을 돌보고, 안나와 사랑을 하고, 괜
찮은 삶을 살고, 다른 사람들을 돕고, 내 아이들과 손자들이 자
라서 성공하는 모습을 기쁜 마음으로 지켜보는 것이라고 대답했
을 것이다.

하지만 안나의 말년이 내게 악몽 같은 시간이 되어버리자, 갑
자기 인생에는 그런 단순한 욕구보다 훨씬 중요한 게 있다는 사
실을 깨달았다. 안나가 앞으로 어떤 운명을 맞게 될지 들은 순
간, "내 삶의 목적은 무엇인가?" 자문해봤다.

답은 명확했고, 그 대부분은 오래 전에 아버지가 내 마음속에

씨앗을 심어준 이후 무의식적으로 계속해왔던 일들이다. 이건 빅터 프랭클이 쓴 글과도 일치한다. "내 인생의 목표는 다른 사람들이 자신의 목표를 찾도록 돕는 것이다."

나는 사랑하는 아내가 고통과 고난에 대처하도록 도와야 했다. 남들에게 더 도움이 될 수 있도록 자신의 약점을 극복해야 했다. 다른 사람에게 짐이 되지 않도록 인생의 마지막을 대비해야 했다. 무엇보다, 다른 사람들이 살면서 받은 상처를 치유하고 자기 삶의 의미를 찾을 수 있게 해줘야 했다.

안나가 세상을 떠난 직후에 양로원으로 거처를 옮긴 나는, 아주 좋은 사람들이 모여있는 공동체에 살면서 삶의 의미에 대한 믿음이 빠르게 강해졌다. 그들 가운데 상당수는 기억력 문제, 신체적 장애, 기타 여러 가지 어려움 때문에 세상에서 길을 잃은 채 무의미한 삶을 살면서 끝이 찾아오기만을 기다리고 있었다.

이 장 첫머리에 소개한 말은 전부 내 마음에서 우러난 것이다. 앞을 보지 못하는 시각장애인도 매일 사랑을 느끼고 다른 사람을 사랑할 수 있는 것처럼, 삶의 이 시기에 도달한 이들도 인생의 의미를 느낄 수 있을 거라고 믿는다.

이 책 앞부분에서는 인생 여정에 관한 다양한 정보와 그 과정에서 고려해야 하는 문제들을 살펴봤다.

우리가 사랑하고 아끼는 이들이 자신이나 가족의 죽음을 피할 수 없음을 깨닫는 모습을 지켜보는 건 슬픈 일이다. 그리고 자기는 아직 준비가 되지 않았다는 사실을 깨닫는 것도 슬프다.

죽음은 물론 아무도 논하고 싶지 않은 슬픈 주제지만, 조만간 다들 대비할 필요가 있는 일이기도 하다. 그러니 죽음이 갑자기 닥쳐와 모든 이를 혼란에 빠뜨리기 전에, 그에 대한 얘기를 나누고 대처할 계획을 세우는 게 좋지 않겠는가?

그리고 노화가 진행되기 전에 앞으로의 계획을 세우고 현실적인 목표를 정해서, 죽음이 다가오기 전까지 인생을 최대한 즐길 방법을 논의하는 게 합리적이지 않겠는가?

우리는 매일 아침 일어나 블라인드를 열고 하늘을 올려다보면서 신선한 공기를 즐기고 자기가 받은 모든 것에 감사할 수 있어야 한다.

최근에 한 친구가 내게 죽을 준비가 되었느냐고 물었다. 사실 그 순간까지는 그 문제를 진지하게 고민해본 적이 없었다. 그래서 다음 며칠 동안 친구의 질문을 곰곰이 생각해봤는데, 내 대답은 "그렇다"다.

언젠가는 나도 죽을 때가 올 텐데, 건강을 잘 돌보고 활동을 적절히 자제하는 것 외에는 스스로 통제할 수 있는 부분이 많지 않다는 걸 안다. 그러니 무엇 하러 그 문제를 걱정하겠는가 다른 사람들에게도 그렇게 충고한다?

두 사람이 똑같은 일을 걱정할 필요는 없다.

그러니 나는 인생의 모든 순간을 있는 그대로 받아들이고, 내 삶의 마지막과 관련된 세부사항은 하느님이 걱정하도록 맡겨둘 것이다.

이 주제와 관련해서 내가 아는 가장 심오한 말은, 존경받는 유대인 학자 겸 교사인 랍비 아브라함 요수아 헤셸이 《사람은 혼자가 아니다》라는 책에 쓴 말이다.

"인간이 얻을 수 있는 가장 심오한 지혜는 남을 돕고 섬기는 게 자신의 운명이라는 걸 아는 것이다. 이것이 죽음의 의미이자 신을 위한 궁극적인 자기 헌신이다. 그렇게 이해한 죽음은 불멸에 대한 열망으로 왜곡되지 않을 것이다. 이런 식으로 남에게 주는 행동은 신이 준 생명의 선물에 인간이 보답하는 상호주의적 행동이기 때문이다. 신앙심이 깊은 사람에게는 죽는 것이 곧 특권이다."

우리 인간은 모두 태어날 때부터 마음속에 선 또는 악을 행할 수 있는 선택권을 가지고 있고, 이를 통해 강해지거나 약해질 수도 있으며, 언제든 삶의 방향을 바꿔서 높은 행복을 이루는 것도 가능하다.

우리가 하는 선택은 인생의 막바지에 이르렀을 때 포기하고 조용히 마지막 순간을 기다릴 것인지, 노화 과정에 분노하면서 마지막 나날을 보낼 것인지, 아니면 자신의 신체적, 정신적 상태와 과거의 경험에도 불구하고 존재하는 매 순간 즐거움을 찾을 것인지 결정할 것이다.

유명한 스포츠 해설가이자 작가인 미치 앨봄은 《모리와 함께한 화요일》이라는 베스트셀러에서 자신의 예전 스승이자 친구인 모리 슈워츠와의 관계와 모리가 루게릭병에 걸렸다는 걸 알게 된 뒤부터 매주 화요일 모리를 찾아가 함께 시간을 보낸 일을 이야기한다.

다음 이야기는 내가 살면서 이런 경험을 얼마나 많이 했는지 보여주는 한 가지 예다.

보험 설계사로 일하다가 은퇴한 칼은 65세 때 폐암 말기 진단을 받았다. 그는 이혼했고 두 아이는 그가 사는 라스베이거스의 작은 집에서 멀리 떨어진 곳에 산다.

그는 네이선 아델슨 호스피스에 연락해서 도움을 청했고, 나는 그가 남은 시간을 최대한 즐겁게 보낼 수 있도록 교우 관계와 사교 활동을 제공하라는 임무를 받았다.

우리는 일주일에 한두 번씩 만나서 세 시간 동안 국제 문제를 토론하거나 같이 식사하거나 카드 게임을 하거나 체스를 두는 등 다양한 일을 같이 했다.

그는 모든 게임에서 나를 이겨 내게 큰 좌절감을 안겨주었다. 사실 한 번은 체스에서 정말 굴욕적인 패배를 겪은 뒤에 이런 말을 한 적도 있다. "당신이 죽을병에 걸리지 않았다면 내가 당신을 죽였을지도 몰라요." 그러고는 우리 둘 다 실컷 웃었다.

칼의 집에는 아주 큰 더블 침대가 있었기 때문에, 내가 찾아갔을 때 그의 몸이 좋지 않으면 우리는 함께 침대에 누워서 많은 주제를 놓고 토론을 벌였다. 로널드 레이건이 대통령에 당선된 날 밤, 우리는 TV에서 펼쳐지는 행사를 보면서 각자의 정치적 견해를 늘어놓았다.

앞서 얘기한 1980년 11월 22일 밤에 있었던 MGM 호텔 화재 사건 때 클라크 카운티 시신 안치소에 갔던 것과 그 후에 생긴 모든 일도 마찬가지다.

발생한 문제를 인생 여정의 막바지에 해결하는 게 아니라 미리 해결해두는 게 왜 그토록 중요한지를 이보다 잘 보여주는 사건은 없다.

독자들에게 충고하고 싶은 건, 여러분이 지금 인생의 어느 길목에 서 있든 잠시 멈춰서 자기가 어떤 사람인지 정리해보고 하루하루를 마치 생의 마지막 날인 것처럼 살 방법을 알아보라는 것이다. 죽는 그날까지 열심히 살 것인지 아니면 실제로 죽기 전부터 죽은 것처럼 살 것인지 스스로 선택할 수 있다.

인간은 사는 동안 날마다 음악을 듣고, 시를 읽고, 멋진 그림을 봐야 한다. 이는 신이 인간의 영혼에 심어놓은 아름다운 감각이 세속적인 근심 때문에 지워지지 않도록 하기 위해서다.

_요한 볼프강 폰 괴테

어떻게 하면 멋지게 나이들 수 있을까?

나는 우리 삶의 모든 측면을 미리 결정하는 신이 실제로 존재하는지 알아내기 위해 오랫동안 갈등하고 고심했다. 신이 지진, 홍수, 전쟁, 사고 같은 나쁜 일은 물론이고 결혼, 출산, 교육, 사업 성공 같은 행복한 일들도 미리 결정해 놓는지 알고 싶었다.

그리고 살아가는 동안, 내 인생이 그런 식으로 계획되어있다는 걸 이해하기 시작했다여러분도 이해하게 될 것이다. 자연과 신이 우리 삶의 순환 주기에 영향을 미치지만, 그래도 나쁜 일의 영향을 줄이고 인생의 즐거움을 더 많이 얻기 위해 노력할 수 있다.

하느님이나 천상의 존재를 믿지 않는 사람들은 하느님이라는 단어가 등장할 때마다 그걸 "불가해한 존재"로 바꾸면 된다.

이 책은 종교 서적이 아니고 나는 모든 교리를 존중한다는 사실을 앞에서 매우 명확하게 밝히긴 했지만, 살아가는 동안 우리의 믿음 혹은 영성이 생각에 영향을 미치지 않는다고 부정하는 건 현실을 회피하는 것이나 다름없다.

"널 위해 기도하고 있어" "하느님이 너와 함께하길" "신이 네 옆에 있을 거야" 같은 말을 하루에 몇 번이나 듣는가? 이건 단순히 힘든 시기를 겪는 사람을 달래려고 하는 말이 아니라, 여러분을 아는 사람들이나 여러분이 겪는 슬픔을 알게 된 낯선 이들이 보내는 진실한 마음이다.

예배에 참석하는 사람들이 점점 줄어들고 있다는 얘기를 거의 날마다 듣는다. 하지만 그게 정말로 사람들의 신앙심이 사라졌다는 증거일까? 나는 영성과 신앙을 종교 활동과 분리시킬 필요가 있다고 생각한다. 기도문을 읽고 종교적인 관례를 지키는 것과 종교의 가르침을 믿는 건 완전히 별개의 일이다.

사람들이 신의 도움이나 인도를 원할 때, 신은 사람들의 사랑과 지지를 구한다. 야곱의 사다리에 관한 성서 이야기는 하늘을 향해 손을 뻗는 데서부터 믿음과 영성이 생겨난다는 걸 보여준다. 인생의 어두운 시기를 이겨내는 힘은 우리에게 사랑과 지지를 보내는 하늘로부터 온다.

인간은 신과 자연계의 일부분이다. 과학은 적절한 식습관과 운동이 평생 우리 몸이 잘 버틸지 결정하는 중요한 요인임을 입증했지만, 우리는 영성과 믿음을 어떻게 사용하느냐에 따라 정신 상태가 크게 영향을 받을 수 있다는 것도 안다.

어떤 유명한 심리학자가 노년층을 대상으로 진행한 강연에서, 기본적으로 노화는 우리가 받는 스트레스의 양에 따라 결정된 다는 말을 했다. 나는 그 말을 듣고 충격을 받았다. 내가 만약 스트레스를 안 받으면 노화도 진행되지 않는 거냐고 묻자 그는 재빨리 자기 발언을 취소했다. 노화는 자연스럽게 진행되는 것이 지만, 어떤 식으로 노화하느냐는 확실히 스트레스에 의해 영향 을 받을 수 있다.

어떻게 하면 우리 운명을 바꿀 수 있을까? 자기 자신이나 가 족, 그리고 공동체와 의좋게 지내고, 자신의 생활 방식을 통해서 날마다 행복을 찾아내며, 행복할 때도 힘들 때도 우리를 지탱해 주는 믿음과 영성을 발견해야 한다.

인생에 목적이 있다는 걸 이해하지 못하면, 삶이 때때로 우리 앞에 던져놓는 어려움을 극복할 힘을 억지로 구하려고 한다. 어 쩌면 이건 우리의 강건함을 시험하기 위한 것일지도 모른다.

아니면 누구 말처럼 "산꼭대기를 올려다보면서 내일은 오늘보 다 더 좋은 날이 될 것이라고 믿으면서 힘을 내자."

교회에서 열리는 예배에 꾸준히 참석하지 않는 사람들도 스트 레스가 심하거나 병을 앓을 때면 종종 기도하면서 종교에 의지 한다. 이것이 어떻게 치유에 도움이 되는지 알아보자.

우리가 힘을 얻기 위해 의지하는 신이 존재한다는 사실을 믿지 못한다면서 왜 그런 행동을 하는 걸까? 강해지려면, 신은 우리가 더 나은 세상을 만들 수 있는 능력을 발휘하기를 바란다는 걸 알아야 한다.

70세의 미망인인 밀드레드는 너무 외로워서 집에 활기를 불어넣어 줄 동반자 삼아 앵무새를 키우기로 했다.

동네 애완동물 가게에서 아름다운 앵무새를 발견했는데, 그 새는 계속 "내 이름은 텔마고 나는 매춘부야."라고 외쳐댔다.

애완동물 가게 주인은 새를 집에 데려가서 말을 걸어주면 이런 행동이 멈출 거라고 장담했다. 그래서 밀드레드는 앵무새를 사 갔지만, 새는 집에 와서도 계속 "내 이름은 텔마고 나는 매춘부야."라고 지껄였다.

앵무새가 계속 이런 말만 하는 것에 당황한 밀드레드는 목사에게 가서 조언을 구했다.

목사는 밀드레드를 동정하면서 앵무새를 교회에 데려오라고 했다. 자기도 앵무새를 키우는데, 그 새는 매일 새장 안의 횃대에 앉아서 기도만 한다는 것이었다. 목사는 밀드레드에게 그녀 앵무새를 자기가 키우는 앵무새 새장에 같이 넣어두면, 자기 앵무새가 문제를 해결해줄 것이라고 말했다.

밀드레드는 앵무새를 교회로 데려갔다. 그들은 밀드레드의 앵무새를 새장 위쪽의 횃대에 올려놓고 방에서 나갔다.

밀드레드의 앵무새가 "내 이름은 텔마고 나는 매춘부야."라고 외쳤다. 그러자 목사의 앵무새는 기도를 멈추더니 밀드레드의 앵무새를 올려다보고 말했다. "내 기도가 응답받았다!"

기본적으로 우리는 기도할 때 다음과 같은 두 가지 일을 한다.

① 우리의 믿음이 자기 자신이나 기도하는 이들에게 치유의 힘을 발휘하기를 간구한다.

② 현 상황에 대처할 힘을 모으기 위해 자신의 영성에 말을 걸고, 비록 결과를 통제할 수 없더라도 단호한 태도로 시련을 헤쳐 나갈 능력이 있음을 인정한다.

비록 내가 얻고자 했던 긍정적인 결과를 얻지는 못했지만, 나도 안나가 투병하는 동안 이 과정이 어떤 식으로 작용하는지 지켜봤다. 안나는 신앙심이 깊은 사람은 아니었지만, 나처럼 자기 안에 하느님이 존재한다고 믿었다. 우리는 3년 동안 그녀의 고난에 대처하면서 강하고 긍정적인 태도를 유지하기 위해 날마다 우리 내면의 영혼에 호소했다.

안나의 간병인으로 일했던 내 친구 미미는 안나가 세상을 떠나고 6개월이 지난 뒤에, 자기는 꽤 오랫동안 간병인으로 일했지만 안나나 나 같은 사람은 본 적이 없다고 말했다. 지금 벌어지는 일들을 불평하지도 않고, 언제나 자신 있는 태도로 폭풍우를 이기고, 안나를 위한 평화로운 새 세상과 삶이 기다리고 있을 것이라는 믿음을 향해 나아가는 그런 사람들 말이다.

기도, 슬픔, 눈물, 웃음은 모두 삶의 치료제로 여길 수 있는 것들이다. 우리에게 말하는 능력이 없었다면 큰 소리로 기도를 드릴 수도 없었을 것이다. 우리에게 눈물 흘리는 능력이 없었다면, 울거나 웃지도 못했을 것이다.

어떤 시인은 "눈에서 눈물이 흐르지 않으면 영혼에 무지개가 뜨지 않을 것"이라고 썼다. 우리의 믿음은 고난도 삶의 일부라는 사실을 받아들이고, 살면서 종종 마주치는 힘든 시기를 헤쳐 나가기 위해 자신의 모든 도구, 즉 믿음과 신체적 능력, 정신력 등을 활용하라고 요구한다.

영성과 믿음은 그 과정에서 중요한 역할을 하지만, 항상 우리가 원하는 결과를 가져다주지는 못한다는 걸 알아야 한다. 하지만 그게 존재한다는 건 분명한 사실이며, 우리가 위기에서 벗어나고 목적을 달성하도록 도와준다.

앞서 인생의 네 번째 요소는 "희망"이라고 말한 바 있다. 희망은 우리가 기도를 통해 의지하는 것이다.

고통의 집을 본 적이 없는 사람은 우주를 겨우 절반만 본 셈
이다.

_랄프 왈도 에머슨

인간의 집에 온 것을 환영한다.

명상과 마음 챙김은
삶의 여정을 더욱 만족스럽게 만든다

의학 발전 덕분에 많은 질병의 치료법을 찾고 생명을 연장할 수 있게 된 건 사실이지만 그 결과 우리가 감내해야 하는 문제도 그만큼 늘었지만, 의학의 힘을 빌지 않고도 스스로를 도울 방법이 여러 가지 있다.

불교에서 도입된 명상과 마음 챙김 수련은 우리가 고통과 우울증, 그리고 인생의 모든 문제에 대처하기 위한 매우 중요한 자구책이 되었다.

안나가 내게 가르쳐준 가장 훌륭한 교훈 중 하나는, 우리는 매일같이 하던 일을 멈추고 자신의 내면을 들여다보면서 자기가 지금 서 있는 인생 지점을 살펴보는 게 중요하다는 것이다. 이건 종교나 철학과는 아무런 상관도 없으며, 앞으로 나아가기 전에 "산에 올라가" 심호흡을 하면서 우리 자신과 우리가 사는 세상을 바라보자는 얘기다.

이 말은 곧 때때로 일상에서 벗어나 세상과 격리된 채로 자신의 인생 비전이나 지금의 위치, 성취하고 싶은 것, 꿈을 이루기 위해 해야 하는 일 등을 살펴볼 필요가 있다는 뜻이다.

물론 당장 답을 찾지 못할 수도 있지만 그렇게 해야 한다는 필요성을 의식하고 있으면, 살아가는 동안 계속 행복한 기분으로 성취감을 느끼면서 목적지에 도달할 방법을 고민하게 된다.

초월론자인 헨리 데이비드 소로는 2년 2개월 동안 월든 호숫가에서 혼자 살면서 바로 그런 일을 했다. 최근에 NBC는 존스 홉킨스 대학에서 명상에 관한 중요한 연구를 했는데, 명상 수련법을 배운 이들에게 매우 유익하다고 보도했다.

누구나 다 소로처럼 오랫동안 일상적인 활동을 중단할 수는 없겠지만, 매일 30분씩 혼자만의 조용한 장소에서 자신의 마음과 생각을 새롭게 하는 건 가능하다.

내가 숲으로 온 이유는 인생에서 가장 중요한 것들만을 마주하면서 차분하게 살고 싶어서였다. 그리고 인생의 가르침을 제대로 배우지 못하는 건 아닌지, 죽을 때 내가 하지 못했던 일들을 후회하지는 않을지 생각해보기 위해서다.

_헨리 데이비드 소로,《월든》

소로처럼 매일 자신을 재발견하는 데 시간을 들인다면 우리 여행이 얼마나 근사해질까.

여러분도 동의하는가?

그러니 여정의 마지막을 향해 다가가는 동안 심호흡을 하고, 명상이 어떻게 인생 여정에 즐거움을 더해줄 수 있는지 살펴보자.

> 살면서 남에게 도움되는 일은 못 하더라도, 하다못해 피해는 최대한 덜 주면서 살고 싶다.
>
> _아비스마

명상이 간단하다거나 우리가 앞서 살펴본 상황에서 중요한 역할을 하는 요소라고 주장할 수는 없지만, 많은 사람에게 효과가 있는 것도 사실이므로 우리의 일상 활동에 포함시킬 만한 가치가 분명히 있다.

명상과 마음 챙김을 숭배 의식이나 종교적인 방법론으로 여기는 바람에, 명상을 통해 날마다 느끼는 부담감을 대폭 줄여서 삶을 풍요롭게 만들 기회를 거부하는 사람이 많다.

자신에게 이런 질문을 던져보자. 매일 15~30분 정도 혼자 시간을 보내면서 새로운 자신으로 거듭나고, 긴장을 풀고, 자신의 삶을 있는 그대로 바라보고, 남은 여정을 모든 걱정에서 벗어나

자유롭게 즐길 수 있다면, 그런 시간을 갖고 싶은가?

현명한 사람이라면 어떻게 그걸 거절하겠는가?

작가이자 시인인 존 카밧진은 명상과 마음 챙김에 관한 자신의 유명한 저서에 이렇게 설명했다.

"명상을 하면 마음을 불안하게 만드는 수많은 바람으로부터 피난처를 찾는 것도 가능하다. 시간이 흐르면, 꾸준히 스며들던 불안감이 줄어들면서 마음의 동요가 대부분 사라질 수 있다. 하지만 결국 인생의 바람과 마음의 바람이 우리가 원하는 대로 불어올 것이다. 명상은 이런 것들을 깨닫고 그걸 어떻게 이용할지 알아내는 과정이다."

일상생활의 빠른 속도를 고려하면, 살아가면서 피로감을 느끼고 정신적, 육체적, 심리적으로 어려움을 겪는 사람들이 그렇게 많은 것도 놀랄 일은 아니다. 잠시 시간을 두고 마음을 가다듬으면서 자기의 과거와 현재, 그리고 앞으로 나아갈 방향을 평가해보면 결국 도달하게 될 목적지와 그 시기가 크게 달라질 수 있다.

이게 바로 명상의 효용성이다. 자신이 처한 환경을 제대로 인식하고, 명료한 정신으로 현재의 욕구와 미래의 목표에 대처할 방법을 결정할 수 있으며, 동료 집단의 압박 때문에 억지로 꾸며낸 모습이 아니라 자신의 진짜 모습으로 살아갈 수 있게 해준다.

고통을 느끼지 않는 것은 인간이 아니다.

_이디시 속담

나는 어릴 때 우리 집에서 같이 살던 외할머니가 어머니와 함께 요리하거나 빵과 과자를 잔뜩 구워내는 모습을 바라보는 걸 좋아했다. 훌륭한 유대인 여성들이 하는 일이 바로 그런 것 아니겠는가? 그리고 물론 나 같은 어린아이들은 부엌에서 일을 돕는 건 허락받지 못했지만, '부스러기를 먹으러' 들어갈 수는 있었다.

결국 결혼한 뒤에는 부엌에서 노닥거리기 시작했다_{물론 요리도 했}다. 그리고 살면서 벌어진 몇몇 기적 같은 일들을 통해 나는 외식 산업계에서 일하게 되었고, 물고기가 물을 반기듯 그 일을 받아들였다. 나중에는 외식하는 걸 싫어하는 친구들도_{하지만 내가 만든 맛} _{있는 음식을 먹는 건 좋아했다.} 나를 "훌륭한 요리사"라고 부르게 되었다.

그 과정에서 나는 명상과 마음 챙김의 부가적인 이익, 즉 내 주변을 흐르는 삶과 내가 하는 활동을 지켜보면서 거의 무의식적으로 요리를 하는 능력이 있다는 걸 발견했다. 사실 이 책을 쓸 때도 요리를 하면서 책에 들어갈 아이디어를 떠올렸다. 그래서 요리하는 동안 재빨리 컴퓨터를 켜고 그 생각들을 기록하곤 했다.

내 경우에는 그런 일들이 쉽게 이루어졌지만 어떤 사람은 기술을 익히기까지 시간이 좀 걸릴 수도 있다. 하지만 쇼핑이나 요리, 청소를 하면서 자신의 일상 활동을 심사숙고하는 건 정말 괜찮은 방법이다.

명상 기술은 다양하고 자신의 일상을 되돌아보는 건 앉아서 하든, 서서 하든, 걸으면서 하든 아무 상관없다. 중요한 건, 명상을 하면서 특정한 문제를 분석하거나 생각하는 게 아니라, 가장 보람 있는 목적에 집중하면서 그 밖의 일들은 머릿속에서 깨끗이 지우고 매일 자신의 내면을 들여다보는 것이다.

파도를 멈출 수는 없지만, 파도 타는 법을 배우는 건 가능하다.

_스와미 사치타난다

이 장 시작 부분에서 인용한 아힘사의 말을 기억하고 마음 챙김 명상 수련을 통해 자기 내면을 살펴보면, 매일 안고 다니는 마음의 부담을 어느 정도 덜 수 있다.

조지 5세나 윈스턴 처칠 경을 사랑할 수 없다면, 우선 자신의 아내나 남편, 자녀부터 시작해보자.

매일 매 순간 그들의 행복을 우선시하고 당신의 행복을 뒤로 미루면서 거기서부터 사랑의 원을 확장시키는 것이다.
최선을 다하기만 한다면 실패할 이유가 없다.

_마하트마 간디

본인의 나이나 건강 상태, 맡은 본분에 상관없이 깊게 심호흡
하면서 모든 행동을 멈추고 열린 마음으로 자신을 관찰해보자.
자신의 몸과 영혼을 힘들게 하지 않고 다른 사람을 해치지 않기
위해 필요하다면 기꺼이 변화하자. 그러면 마침내 의미 있는 길
을 찾을 수 있을 것이다.

출세를 중시하는 우리 사회 때문에 많은 사람이 로봇 같은 삶
을 살게 되다니 이 얼마나 슬픈 일인가? 그들은 한 발짝 물러나
자신의 내면을 들여다보면서, "나는 누구지? 여기는 어디고? 나
는 어디로 향하고 있는 거지?"라고 묻지 않는다.

이는 마치 여러분의 생각과 앞으로 할 일, 그리고 행동의 결과
를 토대로 인생을 세심하게 준비하고 계획하는 게 얼마나 중요한
지 역설하는 효율성 전문가와도 같다.

그는 청중 앞에서 이런 예를 들었다. "나는 오랫동안 아내의
아침식사 준비 루틴을 연구했습니다. 그녀는 냉장고와 식탁, 가스
레인지, 식료품 저장실, 식기세척기 사이를 여러 번 왕복했고, 보
통 한 번에 한 가지 물건만 들고 다니더군요. 그래서 왕복 횟수

를 줄이면 더 효율적으로 일할 수 있을 거라고 말했습니다."

청중 가운데 한 사람이 "그래서 시간이 절약됐습니까?"라고 물었다.

그 전문가는 "네, 물론입니다. 전에는 아내가 아침식사를 준비하는 데 25분이 걸렸는데 지금은 제가 9분 안에 끝냅니다."

우리가 매일 자신을 재발견하기 위해 조금씩 시간을 들인다면 우리 여행이 얼마나 쉽고 편안해질까.

독자들에게 전하고 싶은 말

솔직히 말해서 다음 이야기의 출처는 잘 모르겠지만, 자신을 놀림거리로 삼아서 얻을 수 있는 즐거움이 어떤 것인지 아주 잘 보여준다. 이건 몇 년 전에 앤 랜더스*에게 보낸 것으로 추정되는 편지 내용이다.

친애하는 앤,

나는 오랫동안 당신 칼럼을 읽으면서 많은 즐거움을 얻었고, 당신이 보건 분야에서 하는 여러 가지 훌륭한

---

*Ann Landers. 미국의 유명 칼럼니스트.-옮긴이

일들도 의사로서 칭찬하고 싶습니다.

최근에 친구가 편지에 적어 보내준 내용을 소개합니다. 누가 썼는지는 모르지만, 오랜만에 정말 신나게 웃었어요. 당신 독자들과 공유할 수 있기를 바랍니다.

당신의 친구가 개인정보 보호를 위해 이름은 지우겠습니다.

친애하는 _____에게,

당신 말이 맞네요. 나도 폭소를 터뜨렸거든요. 한 주를 시작하기에 정말 좋은 방법입니다. '개에게 붙이면 안 되는 이름'이라는 이야기를 보내줘서 고마워요.

개를 키우는 사람은 다들 자기 개를 "로버" 아니면 "보이" 같은 이름으로 부른다. 나는 내 개에게 "섹스"라는 이름을 지어줬다. 아주 훌륭한 개지만, 얘 때문에 당황한 적이 한두 번이 아니다.

애견 면허증을 갱신하러 시청에 갔을 때, 직원에게 섹스를 위한 면허증을 발급받으러 왔다고 말했다. 그러자 그는 "나도 그 면허를 받고 싶군요!"라고 했다. 그래서 "아니, 개 얘긴데요."라고 하자, 그는 상대가 어떻게 생겼든 자기는 상관없다고 했다. 그래서 정색을 하고 다시 말했다. "잘못 알아들으신 것 같은데요, 난 아홉 살

때부터 섹스와 함께 자랐다고요." 직원은 슬쩍 윙크를 하면서 말했다. "정말 대단한 아이셨군요."

결혼해서 신혼여행을 갈 때도 개를 데리고 갔다. 모텔 직원에게 아내와 나를 위한 방, 그리고 섹스 전용 방을 원한다고 말했다.

그는 "섹스 전용실 같은 건 필요 없어요. 돈만 내면 방 안에서 뭘 하든 상관하지 않으니까요."라고 했다.

"저기, 이해를 못하시는 것 같은데요, 섹스 때문에 밤에 잠을 잘 수가 없다고요." 그러자 직원이 말했다. "그 것 참 재미있네요. 나도 같은 문제를 가지고 있거든요."

어느 날 섹스를 애견 콘테스트에 참가시켰는데, 경기가 시작되기 전에 개가 도망치고 말았다. 다른 참가자가 왜 그렇게 실망한 모습으로 서 있느냐고 물었다. 그래서 콘테스트에서 섹스를 선보일 계획이었다고 말했다.

그는 그럴 생각이면 직접 쇼를 주최해서 표를 팔지 그랬느냐고 말했다. "아니, 오해하시나 본데요, 난 그저 TV에서 섹스를 보여주고 싶었던 것뿐입니다."

"요새는 온갖 케이블 방송국이 다 있으니까 얼마든지 가능할 겁니다."

아내와 이혼할 때 개 양육권을 서로 갖겠다고 싸우는 바람에 결국 법정까지 가게 됐다. "판사님, 저는 결혼하기 전부터 섹스와 함께했습니다."라고 하자, 판사는 "본 법정은 고해실이 아닙니다. 사건과 관련된 얘기만 하세요."라고 꾸짖었다.

그래서 결혼한 후에 섹스가 날 떠났다고 하니까, 판사는 "나랑 똑같군요."라고 말했다.

어젯밤에 섹스가 또 달아났다. 나는 몇 시간이나 섹스를 찾아 시내를 돌아다녔다. 경찰이 다가와서 물었다. "새벽 4시에 이런 골목에서 뭐 하시는 겁니까?"

나는 경찰에게 섹스를 찾고 있다고 말했다. 덕분에 금요일에 법정에 출두해야 하는 신세가 됐다.

기술은 유용하게 활용해야지,
지배당해서는 안 된다

갓난아기만큼 당신의 정신을 새롭게 하고 세상을 더 좋은
곳으로 만들겠다고 결심하게 만드는 것도 없다.

_버지니아 켈리

기술과 과학의 발전은 긍정적인 면과 부정적인 면 양쪽 모두
에서 인류에게 극적인 영향을 미쳤다. 우리는 이런 성취의 긍정
적인 측면에 대해서는 잘 알고 있지만, 반드시 도달해야 하는 최
종 목적지를 향해 다가가는 동안 기술과 과학의 부정적인 면들
이 우리 삶에 어떤 영향을 미치는지는 제대로 인식하지도 적응
하지도 못하고 있다.

우리 삶의 가장 중요한 요소 중 하나인 자녀들을 가르치는 아
버지와 어머니의 역할이 기술 발달로 인해 어떻게 사라졌는지

관찰해보자.

학교 교사들과 얘기를 나눠보면, 학부모를 자기 자녀의 교육에 참여시키는 게 그들의 가장 어려운 과제 중 하나라고 말할 것이다.

우리 세대 부모들은 주말이나 방과 후, 그리고 아이들에게 자유 시간이 생길 때마다 대부분의 시간을 아이들과 함께 보냈다.

학교는 아이들이 사물, 사건, 장소, 역사 등에 대한 지식을 얻는 곳이다. 밤이면 온 식구가 식탁에 둘러앉아 그날 학교에서 배운 내용과 그걸 우리 삶에 적용하는 방식을 토론했다.

부모는 이런 기회를 통해 자녀들과 대화하고, 아이들이 배운 것을 설명하거나 자세히 알려주고, 가족 모두가 인생과 그 의미에 대해서 토론할 수 있었다.

사실 부모는 자기 아이들을 가르치는 고등 교육자였고, 아이들이 인생을 살아갈 수 있도록 준비시키면서 그들의 성격과 행동에 영향을 주었다. 하지만 요즘 부모들은 자녀의 인생을 이끌어주는 안내자보다는 친구 역할을 하는 데 열심이다.

요즘 아빠들은 아침 일찍부터 한밤중까지 밖에서 일하거나, 돈벌이를 위해 이런저런 회의에 참석하거나, 사업 관계자들과 골프를 치느라 바쁘다.

엄마도 장시간 일을 해야 하기 때문에 마음 편히 자기 일을 하려고 아이들을 계속 바쁘게 할 방법을 찾는다. 그래서 아이들은 자기들끼리 TV를 보거나, 컴퓨터를 가지고 노닥거리거나, 친구들과 휴대폰으로 통화하면서 심지어 가족과 함께 저녁을 먹을 때도 시간을 보낸다. 그리고 누군가가 아이들 곁에 있어야 할 때는 베이비시터에게 맡기는 경우가 많다.

게다가 현행 교육 제도는 교과서도 없애고 숙제도 없앴다. 요즘에는 태블릿 컴퓨터와 얼마 안 되는 교재만 사용한다.

대공황 시대에 자란 사람들은 다음과 같은 명언이 기억날 것이다. "네가 알고 싶은 모든 것은 책에서 찾을 수 있다."

기술은 우리의 많은 요구를 충족시켜 주지만, 책장에 꽂힌 책을 전자책으로 대체하는 건 인생을 배울 가장 소중한 원천 하나를 제거하는 것이나 마찬가지다. 이북 리더기로 재빨리 읽어치운 책을 다시 읽으려고 하는 사람이 얼마나 되겠는가? 호기심을 자극하는 지식이 가득 들어찬 책장이 눈에 보이지 않는다면 우리 아이들은 어떻게 배울 수 있겠는가?

나는 겨우 열네 살밖에 안 됐지만 내가 뭘 원하는지 잘 안다. 누가 옳고 누가 그른지 안다.
나는 내 의견과 생각, 원칙을 가지고 있으며, 청소년이 이런 말을 하면 좀 미친 소리처럼 들릴지 몰라도 어릴 때에 비해 더 사람다워졌다고 느낀다.

나는 누구에게도 종속되지 않은 독립적인 인간이다.

_안네 프랑크, 《안네 프랑크의 일기》

요즘은 '가족이 모여서 다 함께 저녁을 먹지' 않는 가정이 많다. 다들 이리저리 돌아다니거나, 일 때문에 외출하거나, 댄스 교습을 받거나, 축구를 하거나, 부모들이 자랑할 수 있는 여러 가지 활동에 참여하느라 바쁘기 때문이다. 하지만 아이들의 삶을 정말 풍요롭게 만들어주는 일이나 인생의 실질적인 문제에 관한 대비는 전혀 안 한다.

오늘날의 젊은이들에게는 자신의 삶을 형성하는 데 도움이 되는 실질적인 역할 모델이 없으며, 이런 슬픈 현실 때문에 사이비종교 집단의 난립, 마약과 알코올 남용, 그리고 온갖 종류의 사회적 문제가 증가했다.

우리 젊은이들의 스승은 누구인가? 만약 그들의 스승, 즉 그들의 부모가 좋은 역할 모델이 되지 못한다면 어떻게 아이들이 감정적으로나 지적으로 성숙하게 발전하기를 기대할 수 있겠는가?

직장에서 힘든 하루를 보내고 밤늦게 돌아온 아버지가 열 살 난 아들과 함께 앉아 신문을 읽고 있었다. 아들이 물었다. "아빠, 지구가 둥글다는 걸 어떻게 알 수 있어요?"

아버지는 신문을 계속 읽으면서 귀찮다는 투로 "글쎄, 모르겠는데."라고 대답했다.

그러자 아들이 아빠에게 또 물었다. "태양과 달이 장소를 바꾸는 건 무엇 때문이에요?"

아버지는 이번에도 "모르겠다"고 툴툴거렸다.

아들은 "아빠, 그런 바보 같은 질문을 해서 미안해요."라고 했다.

그러자 아버지가 대답했다. "괜찮아, 아들. 질문을 하지 않으면 아무것도 배우지 못한단다."

지금보다 나은 세상을 만들려면, 자녀에게 좋은 선생이 되지 못하고 나쁜 모습만 보이는 부모가 바라는 대로 살아서는 안 된다는 걸 젊은이들에게 가르쳐야 한다. 또 젊은이들의 말에 귀를 기울이고 그들의 인생 목표와 일치하는 길을 따르도록 격려하는 것도 중요하다.

요즘은 젊은이를 판단할 때 사고력이나 자기만의 인생 비전을 가지고 있는지 여부가 아니라, 운동 능력이나 학교 성적, 기타 성과를 바탕으로 판단하는 일이 많다.

정말 눈이 번쩍 뜨일 만한 경험을 하고 싶다면 10대 청소년과 얘기를 나누어보자. 그들이 인생을 어떻게 생각하는지, 그리고 정말 하고 싶은 일은 무엇인지 물어보자. 나는 실제로 이 장을 쓰면서 그렇게 했는데, 다음과 같은 대답을 듣고 놀랐다.

"우리 아빠는 내가 축구팀을 만들기 위해 노력해야 한다고 하셨어요.""엄마는 내가 대학에서 장학금을 받는다면 날 정말 정말 사랑할 거라고 하셨고요."

누군가 이 아이들에게 그들을 행복하게 해주는 게 뭔지 물어보거나, 자신의 미래를 생각할 때 고려해야 하는 것들이 뭔지 알려준 적이 있을까?

그리고 이걸 생각해보자. 부모는 아이들이 인생의 어두운 면을 접하지 않게 하려고 애쓰지만, 이런 태도 때문에 오히려 아이들은 진정한 기쁨과 행복을 느끼지 못하게 될 수도 있다. 아이들이 아주 어린 나이부터 인생의 어려움을 이해하려면 그런 문제들에 대해서도 들어야 한다. 아이들은 우리가 생각하는 것보다 자기 주변에서 벌어지는 일들에 대해 잘 안다.

이런 사실을 아주 설득력 있게 보여주는 흥미롭고 재미있는 일화가 하나 있다. 실제로 내 증손자 트립에게 있었던 일이다.

트립의 엄마는 새로운 아기의 탄생을 준비하고 있었고, 그의 부모는 가족이 지금보다 더 늘어날 것이라고 예상해 새 집으로 이사를 갔다.

이사하면서 거실 가구 몇 개를 팔려고 내놓았고, 구매자가 가져갈 수 있게 약속을 잡았다. 내 손녀 제니퍼가 자기 엄마에게 전화를 걸어, 자기는 집에서 가구 거래를 마무리해야 하니 대신 유치원에 가서 트립을 데려와 달라고 부탁했다.

제니퍼의 엄마인 주디가 트립을 집에 데려오자, 트립은 거실에 남아있는 유일한 가구인 커피 테이블 위에 앉았다. 제니퍼가 트립에게 거실이 평소와 좀 달라 보이지 않느냐고 물었다. 가구가 다 빠져나가서 거의 텅 비어있었기 때문이다. 트립은 아니라고 말했다.

그래서 이번에는, 가구가 있던 곳 주변이 유달리 이상해 보이지 않느냐고 다시 물었다.

트립은 자기 엄마를 쳐다보면서 말했다.

"왜 내가 테이블 위에 앉아있는 것 같으세요?"

어린아이들은 자기 주변에서 무슨 일이 벌어지는지 모른다고 가정하지 말고, 좋은 쪽으로든 나쁜 쪽으로든 우리 인생이 움직이는 방식을 확실하게 설명하자.

일곱 살 난 소녀가 뒤뜰로 달려가, 정원 일을 하고 있던 아빠에게 물었다.

"아빠, 섹스가 뭐예요?"

아빠는 그 질문을 듣고 깜짝 놀랐지만, 아이 옆에 앉아서 성에 관한 기본적인 이야기를 들려줬다. 성관계와 임신에 대해 설명하고, 정자와 난자, 사춘기, 월경, 남자, 여자, 사랑 등에 대해서도 얘기했다.

그는 아이가 질문하면 솔직하게 대답하는 게 최선이라고 생각했다. 물론 아이는 인생에 관한 이 새로운 정보에 압도당했다.

설명을 마친 아빠가 아이에게 물었다.

"그런데 왜 섹스가 궁금해진 거니?"

그러자 아이가 대답했다.

"엄마가 몇 초secs 안에 점심이 준비될 거라고 했거든요."

나는 인생의 고속도로에 막 합류하기 시작한 모든 젊은이에게 이 메시지를 전하고 싶다. 너는 네 삶을 사는 것이니, 비록 처음에는 다른 사람들의 재정적인 지원이 필요하더라도 고속도로처럼 훤히 뚫린 앞길을 내다보면서 살아가라. 조언을 구하고, 신중하게 저울질한 다음, 다른 사람의 목표가 아닌 자신의 목표를 달성하기 위해 움직여야 한다.

인생이 끝날 때가 되면 인생의 성공 혹은 실패에 대한 부담을 떠안게 된다는 걸 기억하자. 실패의 책임을 남에게 전가할 수는 없다.

"우리는 부모님이 너무 나이 든 뒤에 만났기 때문에, 그들의 습관을 바꾸는 건 힘들다."

모든 부모는 이 말을 기억하시라! 아이들이 여러분이 바라는 모습을 보여주기를 기대하지 말고, 있는 모습 그대로를 사랑하자. 아이들과 이야기를 나누고 아이들의 말에 귀를 기울이자. 나는 아이들과 손주들의 말을 듣고 그들이 자기 일을 하는 모습을 지켜보면서 내 삶이 한층 더 풍요로워졌다는 것을 안다. 나와 그들의 방식이 다를 때도 말이다.

우리 젊은이들의 삶과 태도에 영향을 미치는 가족과 관련된 요소가 또 하나 있다. 예전에는 조부모가 우리와 같은 집에 살거나 아주 가까운 곳에 살면서 우리에게 큰 영향을 미쳤다.

오늘날에는 멀리 떨어진 곳에 살거나 이런저런 시설에 살기 때문에 대부분 특별한 날에만 겨우 얼굴을 본다. 애석하게도 우리 아이들의 삶 속에는 노인의 지혜가 빠져있는 것이다.

작고한 내 친구2014년 12월 18일에 세상을 떴다이자 멘토인 랍비 해럴드 슐바이스는 《신의 거울In God's Mirror》이라는 훌륭한 저서에 이렇게 썼다.

"자녀가 병든 친척을 방문하지 못하게 하거나건강상의 문제가 이유인 경우는 제외 죽은 사람을 애도하는 모습을 보지 못하게 하려고 할머니 장례식에 참석하는 걸 가로막는 부모는, 아이의 인간성을 박탈하고 고통을 견디지 못하는 사람으로 만든다.

부모의 과잉보호 때문에 버릇없게 자란 아이는 불쾌한 일은 피하고 가까이 있는 쾌락만 추구하는 형편없는 삶을 살게 된다."

사실 랍비의 이 말은 우리가 진정한 인생을 추구해야 할 때 쾌락을 택하는 경우가 너무 많다는 뜻이다.

부모가 인생의 모든 감정을 알거나 느낄 권리를 주지 않으면, 아이는 삶의 진정한 의미를 이해하는 능력을 키우지 못하므로 결국 돌이킬 수 없는 상황이 발생한다.

> 우리 인생의 전반기는 부모가 망치고, 후반기는 자식들이 망친다.
>
> _클래런스 대로

유명인사 두 명의 부모가 어떻게 아이들의 미래에 영향을 미쳤는지 보여주는 사례를 소개하겠다.

제이슨이라는 매우 똑똑한 10대 소년의 부모는 아들에게 의과학자가 되어 다른 가족들의 뒤를 이으라고 말했다.

제이슨은 그 직업에 별로 관심이 없었지만, 부모는 제이슨이 시키는 대로 하지 않으면 재정 지원을 끊거나 대학교 학비를 내

주지 않겠다고 했다. 전 과목 A를 받던 그는 부모가 선택한 의대에 쉽게 합격했다. 하지만 한 학기가 끝날 무렵 자기가 실수했다는 걸 깨닫고는 일부러 기말시험에 낙제점을 받아 결국 학교로부터 그만두라는 말을 들었다.

결국 제이슨은 다른 전공을 택했다. 그가 부모에게 정말 가고 싶다고 말했던 과였다. 제이슨은 4년 과정을 3년 만에 마친 뒤 자기가 선택한 분야에서 가장 인정받고 가장 보수가 높은 경영진으로 성장했지만, 그의 가족들은 매우 실망스러워했다.

"당신이 배운 내용에 자식을 얽매지 말아라. 그는 다른 시대에 태어난 아이다."

열일곱 살인 앨리스는 초중고등학교 내내 평균 학점이 3.5점인 활발하고 인기 있는 학생이다. 그녀는 동료 학생들에게 매우 인기가 많았고 대학에 진학할 날이 가까워질수록 뭔가 큰일을 할 운명처럼 보였다.

앨리스의 부모는 그녀가 심리학과에 진학하지 않으면 학비를 대주지 않겠다고 했다. 그런데 놀랍게도 앨리스가 다니던 고등학교의 상담 교사는 앨리스가 대학에 진학할 만한 인재가 아니라고 말했다.

앨리스는 심리학과에 진학해 2년간 공부한 뒤, 자기는 대학 생활에 맞지 않는다고 판단했다. 그래서 학교를 그만두고 평범한 직업을 구했다. 그녀 부모님은 엄청나게 화를 냈다. 하지만 앨리스는 이에 좌절하지 않고 야간에 경영학 수업을 들었고 훗날 유명 기업의 최고 경영자 자리에 올랐다.

우리는 항상 아이들이 부모의 꿈이 아닌 자신의 꿈을 좇도록 격려하고, 아이들의 말에 귀 기울이면서 길을 안내하고, 인생의 다양한 단계로 나아갈 때 곁에서 도움을 줘야 한다.

어떤 의사가 자기 서재에서 바쁘게 일하고 있는데, 작은아들이 방에 들어와 조용히 그를 지켜보고 있었다. 자기 일에 완전히 몰두해있던 의사는 주머니에 손을 넣어 동전을 하나 꺼내더니 아이에게 동전을 건네줬다.

"전 돈을 원하는 게 아니에요." 소년이 말했다.

그래서 의사는 책상 서랍을 열고 초코바를 꺼내 아들에게 줬다. 하지만 소년은 이번에도 거절했다.

의사는 참을성이 매우 부족하고 몹시 바빴기 때문에 아들에게 물어봤다. "그럼 네가 원하는 게 뭔데?"

"원하는 건 아무것도 없어요." 아들이 대답했다.

"그냥 아빠랑 같이 있고 싶었을 뿐이에요."

오늘의 젊은이가 내일은 우리의 간병인이 될 것이다. 우리는 그들이 간병인 역할을 수행할 준비가 되어있는지 확인해야 할 뿐만 아니라 방법도 가르쳐줘야 한다.

아이들을 데리고 집안 어르신들이 지내는 요양원에 가보면, 아이들의 인격 형성기에 우리가 하는 일이 노년기에 대한 아이들의 생각과 태도를 결정한다는 사실을 이해할 수 있다.

우리는 청년기에 자기가 누구이고 어디로 향하는지 깨달을 수 있는 지혜를 얻은 뒤 중년기로 넘어간다. 그리고 이때부터 완전히 새로운 문제들이 닥치기 시작한다.

우리 부모님과 형제자매는 새로운 역할을 맡게 되고, 우리는 조부모님과 다른 친척들이 늙어가는 모습을 지켜본다. 곧 우리의 젊음도 사라지고 우리는 아이들의 스승이자 부모님의 간병인이라는 엄청난 이중 역할을 맡는다.

주변 사람들과 함께 이 위대한 임무를 수행할 준비를 시작하지 않고 있다가 갑자기 문제에 맞닥뜨리면, 우리 삶뿐만 아니라 관련된 모든 이의 삶에도 중대한 위기를 초래할 수 있다.

아이들을 잘 가르치는 사람은 아이를 낳은 사람보다 더 존경받아야 한다.

부모는 생명을 줬을 뿐이지만 스승은 삶의 기술을 알려

준다.

_아리스토텔레스

교육을 받거나 자기가 선택한 진로를 걸고, 사랑을 찾고, 가족을 부양하기 시작하면서부터 인생의 중간 단계로 진입하게 된다. 우리는 좋은 쪽으로든 나쁜 쪽으로든 삶의 영향을 경험하면서 자기가 내린 결정의 결과를 보고 느낀다.

그리고 이 문제를 한번 생각해보자. 여러분이 가정을 꾸리면, 미래의 간병인을 낳게 되고, 이 시점부터 가족 관계가 훨씬 더 중요해진다.

나는 부모님을 사랑한다.

그분들은 훌륭한 사람이지만 매우 엄격했기 때문에 지금도 되갚아줄 방법을 찾고 있다.

내가 처음으로 아파트를 구해서 나가 살 때 부모님이 주말 동안 묵으러 오셨는데, 나는 두 분을 각기 다른 침실에 머물게 했다.

_일레인 번스타인 파트노우

중년은 직업 전환이나 자신의 현재 위치, 앞으로 나아가고 싶은 방향 등을 생각하는 시간이다. 빅터 프랭클이 《죽음의 수용소에서》라는 훌륭한 저서에서 지적한 것처럼, 우리가 "인생에 뭘 가르치느냐가 아니라, 인생이 우리에게 뭘 가르치느냐가 중요하다."

중년의 위기와 관련해 다양한 사례 연구가 진행되었다. 그 연구 결과는 남녀 모두 자기가 좋아하지 않는 직업이나 의미 없는 결혼, 삶의 비전과 조화를 이루지 못하는 생활양식에 갇혀있다는 것을 깨달았을 때 벌어지는 슬픈 일들에 대해 들려준다.

우리는 소득원을 잃거나 가족이 해체되는 걸 두려워하며 사랑하는 이들을 실망시키고 싶어 하지 않는다. 그래서 자기 성격에 맞지 않는 일들을 하며 방황하다가 결국 이중생활, 마약, 술, 자살 등에 의지하는 이가 많다.

또 어느 가정이나 자기 부모 또는 나이든 가까운 친족을 보살피는 일에 정신적, 육체적, 경제적으로 더 깊이 관여해야 한다는 압박감이 커지고 있다. 사회 전체가 느끼는 재정적, 시간적 부담이 급속히 늘어나는 것이다.

중년은 원한, 이혼, 질투, 종교나 정치적 견해 차이, 경제적 갈등 같은 문제가 가족을 갈라놓기 시작하는 시점이기도 하다.

그래서 인생의 마지막 단계를 향해 나아갈 무렵이 되면어떤 사람은 다른 이들보다 이 시기를 빨리 맞는다. 사소한 차이가 사람들의 사이를 갈라놓게 된다.

이 세상은 우리에게 더 행복한 곳이 되고 후회는 줄어들 것
이다.

망각이라는 훌륭한 기술을 발휘하는 걸 잊지만 않는다면 말
이다.

_모리스 맨델,《연설가들을 위한 이야기》

인생의 이 중요한 시기에, 우리는 잠시 하던 일을 멈추고 자기
가 누구고, 인생의 어느 지점에 와 있으며, 어디로 가고 싶은지
살펴볼 필요가 있다. 다음은 평소 매우 바쁜 사람이 한 이야기인
데, 그는 일상적인 일을 하는 동안에도 마음 챙김 수련법을 이용
하면 삶의 이 시기를 다르게 보낼 수 있다고 말한다.

"요전 날 밤에 놀라운 일을 겪었다. 그날은 정말 운이 좋았다.
항상 그렇게 운이 좋아야 하는데. 그날은 처리해야 할 일도, 참
석해야 하는 회의도, 지켜야 하는 사교 약속도 없었기 때문에 집
에 있었다.

그런데 정말 환상적인 경험을 했다. 아이들과 놀고, 온 가족이
함께 텔레비전을 보고, 아내와 대화를 나누거나 꼭 껴안은 채
시간을 보내고, 신문을 읽고, 하여튼 느긋하게 긴장을 풀 수 있
었다.

정말 즐거운 일 아닌가! 아무래도 '집에 머물자'를 모토로 내

세우는 단체에 가입이라도 해야겠다는 생각이 들었다."

인생의 이 단계에서는 가족들을 모아놓고 "미래"에 대한 생각을 얘기하고, 여생을 위한 계획을 세우고, 은퇴뿐 아니라 인생의 마지막 단계까지 현실적으로 대비해야 한다.

"나이 든 백발의 여성 방문객이 집에 들렀다가 떠나자, 어린 소녀가 어머니에게 말했다. '내가 그렇게 아름답고, 다정하고, 사랑스러운 사람이 될 수 있다면 늙는 것도 두렵지 않을 것 같아요.' 그러자 어머니가 대답했다. '네가 정말 그분처럼 나이 들고 싶다면, 지금 당장 시작하는 게 좋겠구나. 그분이 그런 모습을 갖추게 된 건 하루 이틀 사이에 이루어진 일이 아닐 테니까.'"

아이들이 학교에 들어가고, 직업을 구하고, 결혼해서 집을 떠나는 사이, 우리는 느리긴 해도 확실하게 인생의 마지막 단계에 도달한다. 자녀들 중에는 벌써 자기 가족을 꾸린 경우도 있을 것이다.

그와 동시에 우리는 건강에 문제가 생기기 시작하거나, 은퇴를 생각하거나, 인생 여정이 끝나가는 우리 부모를 돌봐야 하는 현실에 갑자기 직면하게 될지도 모른다.

최근에 갑작스러운 병으로 아내를 잃은 60대 후반의 친구 사위와 얘기를 나눈 적이 있다. 그의 아내는 60대 초반이었다. 그는 몇 년 전부터 처가 식구들에게 노후 계획을 세워달라고 부탁했지만, 아직 때가 아니라며 거절했다고 한다.

그러다가 아내가 아프기 직전에야 겨우 설득하는 데 성공했다. 그의 장인은 미리 대비할 수 있게 해준 사위에게 감사 인사를 했고, 덕분에 가족 모두가 상황에 대처하기가 훨씬 쉬워졌다.

삶을 받아들일 때는 죽음도 같이 생각해야 하며, 남들에게도 그 사실을 알려야 한다. 우리가 그 일을 공개적으로 받아들이고, 그에 대비하기 위해 할 수 있는 일들을 하고, 끝까지 최대한 행복하게 삶을 지속한다면, 노동의 결실을 즐기기에 이보다 더 좋은 방법이 어디 있겠는가?

명절 무렵, 중년의 아들이 사는 곳에서 좀 멀리 떨어진 양로원에 사는 늙은 어머니가 아들이 보낸 꽃을 받고 편지를 썼다.

내 소중한 아들과 그가 실수로 결혼하기로 결정한 여자에게.
연말연시 즐겁게 보내렴.
예쁜 꽃을 보내줘서 고맙다. 그 꽃은 내 무덤에 가져가려고 조심스럽게 포장해서 얼려뒀어. 내 걱정은 하지 말거라. 호흡이 매우 곤란하긴 하지만 꽤 잘 지내고 있다. 중요한 건, 네가 아픈 어미와 멀리 떨어져 살면서도 즐거운 명절을 보낸다는 거니까.

이 편지에 내가 가진 마지막 몇 달러를 동봉할 테니, 손주들 선물을 사주기 바란다. 네 아내는 절대 애들 선물을 사주지 않을 테니 말이다.

그나저나 할머니는 꽤 오래 전에 돌아가셨지만 제대로 된 장례식을 치르지 못했기 때문에, 셜리 이모와 내가 지난주에 할머니 시신을 파내 다시 매장했단다. 네가 결혼한 사람은 절대로 널 장례식에 참석시키지 않을 테니까 일부러 초대하지 않았다. 내가 최근에 복부 수술을 받았을 때 찍은 비디오도 보냈는데 아마 안 보여줬겠지.

이제 그만 자야 될 시간이구나. 며칠 전에 노상강도를 피하려다가 지팡이를 잃어버리는 바람에 침실까지 가는 데 시간이 좀 걸린단다. 그리고 지난주에 히터가 고장 나서 담요도 몇 장 더 찾아야 돼.

길고 호화로운 휴가 여행이 너와 그 여자에게 얼마나 중요한지 안다. 그러니까 내게 더 이상 돈을 쓰지 말거라.

손주들에게 내 대신 뽀뽀해주고, 그 사람에게도 안부 전해주렴. 내 인생에서 너를 빼앗아간 그 여자 말이다.

사랑한다, 엄마가

-익명

물론 이 편지는 농담 삼아 여기 소개한 것이지만, 슬프게도 내가 이 문제를 연구한 이후 매일 느낀 것처럼 여기에는 진실이 가득 담겨있다. 성인기에 막 접어든 사람이 이런 분노와 비통함을 목격한다면, 인생에 대해 왜곡된 시각을 가지기 쉽다.

이 모든 것에서 배워야 할 교훈은, 우리는 태어나서 성인기에 이를 때까지 삶을 관찰하면서 자기 부모의 삶 속에서 벌어지는 일들을 받아들이게 된다는 것이다.

부모가 우리 눈앞에서 벌어지는 그 모든 일의 의미를 묻는 무언의 질문에 대답해주지 않고 사건이 일어날 때마다 제대로 설명해주지도 않는다면, 우리는 직접 살면서 그 답들을 찾아내야 한다.

그리고 중년이 되어 예전에 우리 부모님이 내린 결정들을 책임지기 시작해야 하는 때가 되면, 우리는 과거에 무슨 일이 있었고 이제 그걸 어떻게 해결해야 하는지 알아내야 하는 시련에 처하게 된다.

그리고 그때쯤 되면, 본인이나 자녀에게 노화 과정을 대비시키지 않은 부모는 자녀의 도움이 절실해진다. 일찍부터 준비를 잘한다면 우리 삶은 얼마나 더 나아질 수 있을까?

전문가도 한때는 초보자였음을 기억하자.

일찍 시작할수록 인생의 시험에 대처하기 위한 전문 지식을
빨리 갖추게 될 것이다.

_클래런스 대로우

우리는 태어난 순간부터 생이 끝날 때까지 많은 시간을 부모
와 함께 보낸다. 이제 "죽음"이라는 말은 쓰지 말자. 그 후에 무
슨 일이 일어나는지 누가 알겠는가? 그냥 "삶의 끝"이라고 하자.

마무리하면서 떠오른 몇 가지 생각.
그 무엇도 인류를 대신할 수 없다. 이게 무슨 뜻일까? 물론 우
리는 기술, 기계 등 인간이 개발한 것들을 모두 이용할 수 있지
만, 우리가 인생이라고 부르는 이 여정을 거치는 동안에는 그 어
떤 것도 다른 사람의 사랑이나 친절을 대신할 수 없다.
또한 기계는 여러분을 위해 계획을 세워줄 수도 없다.
기술은 부모나 가족, 친구, 선생님을 대신할 수 없다. 컴퓨터,
휴대폰, 기타 다양한 기술이 그 자리를 차지하고는 있지만, 그것
들은 대체품이 아니며 대체될 수도 없다. 기계가 "그 일을 하게"
내버려두기 쉬우므로 이 사실을 기억해야 한다.
그건 크나큰 실수다.
오늘날 기술에 "부족한 것"의 한 예로, 더 이상 가족들이 모

여서 함께 저녁을 먹지 않는 가정이 많다. 대대로 이어져 내려온 가장 위대한 정보와 지혜의 원천이, 따뜻한 포옹 외에는 뭐든지 다 해줄 수 있는 태블릿 컴퓨터와 전화로 대체되었다.

내 생각에 인류를 희생시키면서까지 기술에 전적으로 의존하는 건 우리 아이들의 인생을 정말 풍요롭게 하거나 인생의 실질적인 문제에 대비시키는 데 아무런 도움도 되지 않는다.

아이패드가 어린이의 정서 발달에 도움을 줄 수 있을까? 난 그렇게 생각하지 않는다….

더 나은 삶과 만족스러운 여정을 위해서는, 아이들에게 무엇이 그들을 행복하게 만드는지 꾸준히 물어보고 그 대답을 발판 삼아 아이들이 미래를 생각할 때 고려할 것들을 소개하는 방법을 고안해야 한다. 내가 이 책에 소개한 정보가 바로 그런 것들이다.

아이들은 자기가 불멸의 존재라고 믿지만, 미래를 진지하게 고려하지 않기 때문에 미래에 대한 생각은 거의 생각하지 않는다. 적절한 질문을 던지면서 아이들을 잘 인도하면, 결국 여러분의 관심과 준비, 인류애가 "삶"과 "삶의 끝"이라는 힘겨운 길을 가는 그들에게 엄청난 도움이 될 것이다.

노인의 지혜는 영원한 힘의 원천이 된다. 여러분의 자녀는 여러분이 가르쳐준 것들을 자기 아이에게 전할 것이기 때문이다.

그리고 세상은 더 나은 곳이 된다.

여러분 모두가 베풀어준 그 관용에 진심으로 감사한다.

우리가 내린 결정이 모여
우리 행복을 만든다

이상주의자는 장미가 양배추보다 향기가 좋다는 걸 알고
는 장미로 더 맛있는 수프를 만들 수 있을 것이라고 결론을
내리는 사람이다.

_헨리 루이스 멩켄

우리는 태어난 순간부터 삶이 끝날 때까지, 자신의 삶뿐만 아
니라 다른 사람의 삶에까지 영향을 미치는 결정을 내려야 하는
임무를 부여받았다.

어떤 선택이 일상 활동이나 진로 선택, 건강 문제, 사랑하는
이들의 노화 과정과 관련이 있건 없건, 자기가 직면한 상황에서
어떤 선택을 하고 그런 선택 과정에서 고려할 것은 무엇인지 미
리 생각해둬야 한다.

이러한 결정 가운데 상당수는 도덕성이나 옳고 그름에 대한 관점이 포함된다. 예를 들어, 자신의 도덕적 가치관에 비춰보면 어떤 결정을 잘못됐다고 말할 수 있지만 사회적 가치관을 따져보면 옳은 결정일 때가 있다.

예전에 어떤 노인과 얘기를 나눴는데, 그는 젊었을 때 가족이 해체될 위기에 직면해 자신의 도덕적 가치관에 명백히 위배되는 어떤 일을 하거나 가족이 뿔뿔이 흩어지게 놔두는 것 중 하나를 선택해야 했다고 한다.

그는 가족을 구하기로 결심했다. 그런 선택을 하게 된 이유를 전부 밝혀서 가족들에게 상처를 입히느니 차라리 자기 행동에 대한 부끄러움을 무덤까지 가져가기로 한 것이다.

때로 우리는 다른 사람에게 조언을 구하지 않고 혼자 선택한다. 그 충고가 우리가 이미 결심한 일을 하지 못하게 막을까 봐 두렵기 때문이다. 사실 나도 유명 기업의 컨설턴트로 일할 때는 어떤 프로젝트를 시작하거나 조언을 하기 전에 고객에게 이런 질문부터 던졌다. "당신이 하고 싶은 일이 뭔지 이미 결정을 내렸습니까?" 그들이 그렇다고 말하면 나는 그 일을 거절했다. 뭐 하러 시간을 낭비하겠는가?

중년의 교사가 평생 모은 돈을 어떤 사업체에 투자했는데,

사실은 사기꾼의 교묘한 설명에 넘어간 것이었다.

투자금이 모두 날아가고 멋진 꿈이 산산조각나자, 그녀는 상업개선협회를 찾아갔다.

그들이 물었다.

"대체 왜 우리한테 먼저 오지 않은 겁니까? 상업개선협회에 대해 모르셨습니까?"

"아뇨, 알고 있었어요." 그녀가 구슬픈 목소리로 말했다. 예전부터 잘 알았죠. 하지만 투자를 하지 말라고 말릴까 봐 찾아오지 않은 거예요."

_《잡동사니》

내가 좋아하는 작가 중에 프랭크 버스라는 사람이 있다. 〈로터리언〉을 비롯한 다양한 출판물에 그가 쓴 기사가 정기적으로 게재된다. 그는 〈로터리언〉 2013년 12월호에, "숭고한 원칙을 열망"하되 너무 과하게 몰입하지 않는 것이 얼마나 중요한지에 관한 글을 썼다.

버스는 자신의 동반자인 브리짓에 대해 얘기하면서, 그녀가 생각하는 좋은 삶이란 자기가 믿는 대의와 사랑하는 사람들, 세상과 집, 이상과 공동체 사이에서 균형을 유지하는 것이라고 썼다.

여러분은 어떤 결정을 내릴 때든 이 개념을 고려해야 한다. 인생길을 걸으면서 내려야 하는 가장 중요한 결정들은 내가 이 장 앞부분에서 제기한 문제들과 아무 관련이 없다는 걸 알아야 한다. 하지만 우리의 미래, 가족 및 친구와의 관계, 그리고 살아가는 동안 겪게 되는 운명과는 밀접한 관련이 있다.

곧바로 최종적인 결정을 내려야만 하는 경우는 드물기 때문에, 결정하기까지 고민할 시간이 충분하다. 하지만 그걸 정의하고, 계획하고, 실행하려면 일찍부터 시작해야 한다.

지금이 결정을 내릴 적기라고 24시간 전에 알려주는 시스템 같은 건 없다. 그리고 이 과정을 일찍 시작해서 미리 결정해두면, 지옥에서 던진 눈덩이처럼 무시무시하게 다가오는, 피할 수 없고 예기치 못한 결정을 내려야 하는 상황에 직면하더라도 잘 대비할 수 있을 것이다.

살면서 깨달은 게 하나 있는데, 내게 결정권이 있는 문제가 생기면 대부분 빨리 대답해야 한다는 것이다.

하지만 나는 망설여지는 부분이 있으면 우선 거절한 다음 시간을 두고 그 문제를 숙고한다. 그리고 나중에 그 일의 장점이 발견되면, 마음을 바꿔서 승낙한다.

처음부터 좋다고 말하면, 나중에 마음을 바꿔 거절할 경우 그 이유를 해명하기가 매우 힘들다. 그리고 자기가 매우 잘못된 결정을 내렸다는 걸 깨달으면 어떻게든 그 사실을 인정하고 만회할 방법을 찾아야 한다.

역사학자들이 쓴 글에서, 노예 해방 선언문 최종안을 전달받은 에이브러햄 링컨이 손을 부르르 떨다가 참모에게 내일 다시 가져오라고 했다는 일화를 읽었다. 그 자리에서 바로 서명하는 게 불편했기 때문이다. 결국 하룻밤 푹 자고 일어나 다음 날 아침에 다시 읽은 뒤에야 선언문에 서명했다.

이 장 앞부분에서, 결정을 내릴 때는 두 가지 중요한 사항을 고려해야 한다고 말했다. 그 결정이 다른 사람들에게 미칠 영향, 그리고 여러분과 여러분의 미래에 미칠 영향을 고려해야 한다. 만약 그 결정이 전반적으로 다른 사람들에게 유익하다면, 굳게 결심하고 앞으로 나아갈 용기를 내야 한다.

몇 년 전 규모가 큰 다국적 기업에서 중요한 프로젝트를 진행할 때, 매우 아름답고 지적인 젊은 독신 여성과 함께 일하며 그녀를 가르친 적이 있다.

어느 날, 그녀가 지금 임신 중인데 낙태를 고려하고 있다고 털어놓았다. 나는 그러지 말고 아이를 낳아 키우라고 충고했다. 왜 그래야 하느냐고 묻기에, 그녀는 매우 똑똑하고 미래도 밝지만 지금 같은 무절제한 생활에서 벗어나 자신을 통제할 필요가 있다고 말했다. 그러다 보면 결국 좋은 남자를 만나 결혼하게 될 것이라고도 하고.

한동안 고민하던 그녀는 전화를 걸어 내 충고를 따르겠다고 했다. 그녀는 아기를 낳고, 대학 학위를 취득했으며, 유명한 직장에서 오랫동안 일했다.

그녀의 아들은 매력적이고 잘생겼으며, 자기 분야에서 승승장구하고 있다. 이 가족은 활기차고 서로에 대한 사랑으로 가득하며 많은 부문에서 성공했다. 우리는 계속 연락하면서 지내는데, 그녀는 항상 내 지도에 감사한다는 말을 잊지 않는다. 내가 한 일이라고는 상식적인 조언을 해준 것뿐인데 말이다.

이런 결정은 인생 경험을 바탕으로 한 것이다. 우리는 다른 사람과 자기 자신이 삶을 온전히 즐기도록 도와줄 결정 능력을 가지고 있다.

우리가 내리는 모든 결정이 다른 사람에게 영향을 미친다는 이 글의 요점을 설명하려면 해리 에머슨 포스딕의 글을 인용하는 게 가장 좋을 것이다.

"우리는 나뭇잎에게 물었다. '너는 혼자서도 완벽한 존재니?' 그러자 나뭇잎이 대답했다. '아니, 내 생명은 나뭇가지에 달려있어.' 그래서 나뭇가지에게 똑같은 질문을 하자 나뭇가지가 대답했다. '아니, 내 생명은 뿌리에 달려있어.' 우리가 뿌리에게 묻자 이렇게 대답했다. '아니, 내 생명은 나무줄기와 나뭇가지, 그리고 나뭇잎 속에 있어. 나뭇가지에서 잎이 다 떨어지면 나는 죽을 거야.'"

우리가 좋다고 여긴 결정을 가로막아서 우리를 슬프게 한 예상치 못한 장애물을 생각해보자.

한 청년이 부모를 찾아와 아름다운 여성과 사랑에 빠져 곧 그녀와 결혼할 예정이라고 말했다. 그녀의 이름은 수잔 브라운이었다.

청년의 아버지가 그를 한쪽으로 데려가더니, 너는 수잔과 결혼할 수 없다고 말했다. 오래 전 아내와 갓 결혼했을 무렵 아내는 좋은 침대 파트너가 아니었기 때문에 다른 여자와 외도를 했고, 수잔 브라운은 그의 이복누이라는 얘기였다.

아들은 매우 화가 났지만 어쩔 수 없이 다른 여자와 사귀기 시작했다. 그리고 몇 달 후, 다시 부모님을 찾아와 이번에는 셰리 윌리엄스라는 여자와 사랑에 빠졌고 그녀와 결혼할 거라고 발표했다.

이번에도 아버지는 아들을 한쪽으로 데려가 지난번과 똑같은 이야기를 반복했다. 셰리도 그의 이복누이라는 것이었다.

아들은 노여움을 감추지 못하고 어머니에게 가서 무슨 일이 있었는지 다 얘기했다. 그리고 아버지가 자기 결혼 기회를 다 망쳐놓는다고 불평했다. 그러자 그의 어머니는 그 사람은 네 진짜 아버지가 아니니까 신경 쓰지 말라고 말했다.

사소한 문제로
친밀한 관계를 망치지 말자

자녀들이 성인기에 접어들면 저울을 선물하는 현명한 사람
이 있었다.

그에게 이런 선물을 주는 이유를 묻자, 살다 보면 분노를
다스리고 상대방을 용서하는 능력을 시험받는 상황이 생기
는데, 자신을 상처 입힌 사람을 벌주고 싶다는 욕구와 타고
난 선량함 사이에서 신중하게 균형을 맞추며 그들을 용서
하고 더 큰 행복으로 나아갈 길을 찾아야 하기 때문이라고
말했다.

_버나드 오티스, 나다

분노와 용서의 대상이 우리의 인생 여정과 무슨 관련이 있는
지, 그리고 노년을 준비하는 과정에서 왜 그 문제를 논의해야 하

는지 당연히 궁금할 것이다.

이 문제를 잠시 생각해보면, 우리 삶의 가장 고통스러운 시기 가운데 일부는 바로 이런 문제 때문에 생겼다는 걸 알 수 있다. 이 책을 준비하면서 모든 연령대의 사람을 인터뷰했을 때, 가족 관계나 우정, 사업 거래에 관한 질문에 답하는 과정에서 가장 많이 등장한 용어가 바로 '역기능' '씁쓸한 기억' '파멸' '증오' 등 이다.

그리고 그런 관계에 대한 우리의 반응을 아이들이 보고 듣지 못한다고 생각하지 말자. 결국 아이들도 앞으로 그와 유사한 상황에 처하면 우리처럼 분노를 터뜨리게 될 것이다.

성경에 나오는 이야기, 그리고 모든 시대의 삶에 관한 역사적인 기록을 보면, 인간이 존재한 이래로 분노와 용서가 인류에게 많은 고통을 안겨줬다는 걸 알 수 있다. 그건 가족의 해체뿐만 아니라 화해에도 중요한 요인이다.

가족 지인의 50주년 결혼기념일 행사에 참석한 어떤 젊은이가 그 자리의 주인공인 남편에게 농담조로 기나긴 결혼생활 동안 이혼을 생각해본 적은 없느냐고 물었다. 그러자 남편이 재빨리 대답했다. "이혼? 그런 생각은 한 번도 안 해 봤어. 하지만 죽이고 싶다는 생각은 수도 없이 했지."

익살스러운 태도로 좌절감을 표현하는 것과, 화가 나서 고함을 지르거나 비열한 행동을 하거나 날마다 비통한 기분을 안고 살아가는 건 완전히 다른 일이다.

헨리가 아내에게 생일날 파리에 가고 싶으냐고 물었다. 아내는 별 관심 없다고 말했다. "그럼 모피 코트는 어때?" 헨리가 또 물었다.

하지만 아내는 모피 코트도 필요 없다고 했다. "그럼 다이아몬드 시계?" "아니." 아내가 말했다. "난 이혼을 생각하고 있는데." 그러자 헨리가 대답했다. "난 그렇게 비싼 건 생각도 안 해봤어."

가족이나 친구 등 여러분이 아는 누군가의 행동 때문에 더 이상 그 사람과는 상종하고 싶지 않다고 생각할 만큼 화가 난 적이 몇 번이나 되는가?

최근에 85세인 소중한 친구를 만났다. 그녀는 자기와 같은 또래의 다른 여자와 카드게임을 하다가 상대방이 돈이 없다는 걸 알게 되었다. 그래서 그녀에게 50센트를 빌려줬는데, 그 여자는 갚겠다고 하고는 결국 갚지 않았다.

내 친구는 그 사람에게 정말 화가 났다고 말했는데, 나는 말도 안 되는 일에 그렇게 화를 낼 가치가 있느냐고 물었다. 하지만 그녀는 화를 억누를 수가 없었다. 나는 왜 사람들이 이런 문제 때

269

문에 관계를 끝내고 거기서 한 걸음 더 나아가 자신의 행복까지 망가뜨리는지 이해할 수가 없다. 특히 거의 모든 분노 상황은 우리 인생의 전체적인 그림에 비춰봤을 때 별로 중요하지 않은 일들 때문에 발생한다.

> 당신이 화를 참는 모습을 보인다는 이유만으로 화를 내는 사람도 많다.
>
> _프랭크 무이 켈리

80대의 매우 활동적인 홀아비가 있었는데, 그는 불과 몇 달 전에 30년간 결혼생활을 유지하면서 열렬히 사랑하던 여인과 사별한 참이었다. 그는 적극적으로 새로운 로맨스를 찾아다니지는 않았지만, 우연찮게 자신의 마음을 완전히 사로잡는 한 여자를 만났다.

그는 그녀와의 관계를 발전시키는 과정에서 이 여성과 다른 사람들의 관계를 오해하고 질투해 지나치게 흥분한 모습을 보이고 말았다. 아름다운 여인은 그런 태도에 화가 나서 결국 그와 관계를 끊고 말도 하지 않게 되었다.

한동안 그 관계가 자신에게 얼마나 중요한지 가늠해보고 또 관계를 강화하기 위해 달리 할 수 있는 일은 무엇인지 고민한 끝에 그녀가 자기에게 정말 중요한 사람이라는 걸 깨달은 그는, 벌어진 일을 전부 자기가 책임지는 것만이 상황을 바로잡을 유일한 방법이라고 판단했다. 비록 속으로는 다 자기 잘못만은 아니라고 생각했지만 말이다. 그래도 그가 원하는 건 화해였기 때문에 굳이 남에게 손가락질을 할 필요는 없었다.

나는 지금껏 살면서 서로의 의견차를 해소하려 하지 않는 바람에 진정한 사랑을 잃거나, 가족이 해체되거나, 고통스러운 관계가 죽을 때까지 이어지는 믿기 힘든 모습을 많이 봐왔다. 이러한 차이는 대부분 상처 입은 자존심과 관련된 사소한 문제들이며, 인생이라는 큰 그림을 볼 때는 아무것도 아니다.

> 무시하는 법을 배우는 건 내면의 평화로 향하는 가장 좋은 길 중 하나다.
>
> _익명

때로는 아무리 생각해봐도 전부 상대방의 잘못이라는 확신이 들더라도 결국 문제가 해결되지 않은 채 관계가 어긋날 수 있다. 화를 내고 속상해한 일 때문에 오랫동안 고통을 겪거나 중요한 관계가 끝나버렸던 일을 되돌아보면, 갈등을 딛고 다음 단계로 넘어가 인생을 즐기는 게 더 나은 해결책일 수도 있다.

작은 유럽 국가에서 온 아버지와 아들이 미국의 유명 쇼핑센터에 갔다. 처음 보는 온갖 물건에 환호하던 그들은 매우 반짝거리는 두 개의 벽이 벌어졌다가 다시 닫히는 모습을 보고 한껏 흥분했다.

소년이 아버지에게 저게 뭐냐고 묻자 아버지는 자기도 모른다고 했다. 바로 그때, 벽이 양쪽으로 갈라지더니 노파 한 명이 그 사이로 들어갔고 곧 벽이 닫혔다. 몇 분 뒤, 벽이 다시 갈라지면서 활기차고 아름다운 젊은 여성이 걸어 나왔다.

그 모습을 본 아버지가 한동안 조용히 침묵을 지키다가 아들에게 말했다. "저게 뭔지는 모르겠지만 네 엄마를 위해 하나 사야겠다."

> 허영심 많은 사람, 겁에 질린 사람, 편견이 심한 사람, 화난 사람은 자신을 웃음거리로 삼지도 못하고 남의 비웃음을 참아내지도 못한다.
> 하지만 스스로를 비웃거나 남의 비웃음을 사고도 당당할 수 있는 사람은 지구의 평화와 인류의 선의를 보장하는 완벽한 분별력을 향해 한 걸음 더 나아간다.
>
> _나트 슈물로비츠의 신조

여행의 마무리를 미리 준비해두면
훨씬 즐겁게 도착할 수 있다

어떤 가족에게 새로 아기가 생기면 그들은 즉시 다음과 같은
물건을 사들이기 시작할 것이다.

① 요람

② 놀이용 울타리

③ 유아용 의자

④ 카시트

⑤ 턱받이

⑥ 기저귀

⑦ 다양한 의류

⑧ 아기용 흔들의자

⑨ 밥을 먹이기 위한 여러 가지 도구

⑩ 담요

⑪ 태어날 아이를 돌보는 데 필요한 기타 품목들

⑫ 아이의 교육을 위한 최소한의 재정 계획

그리고 아이가 태어나면 언젠가는 죽을텐데, 그 죽음에 대비해서는 어떤 준비를 할까? 아마 실제로 코앞에 닥쳐 허둥거리기 전까지는 아무 준비도 하지 않을 것이다.

틀림없이 발생할 이 사건에 대비해 미리 계획을 세워두지 않은 탓에 전국의 모든 가정이 겪는 무시무시한 상황에 대해 듣는다면 당장 계획을 세워야겠다는 생각이 들 것이다.

이 책 앞부분에서는 살면서 생기는 다양한 문제들과 우리에게 고통을 안겨주는 사건 사례, 그리고 마지막 순간까지 행복하고 즐거운 삶을 사는 데 도움이 되는 방법들을 이야기했다.

본 장에서는 최종 목적지에 도달하기 훨씬 전에 답을 얻어야 하는 몇 가지 질문을 살펴볼 것이다. 사실 예상치 못하게 빨리, 혹은 정상적인 삶의 여정을 가던 도중 갑자기 목적지에 도착하는 경우도 있다.

질문을 던지거나 답을 찾는 걸 미루는 이가 너무 많아서, 결국 어떻게든 문제에 대처해야 하는 순간이 닥쳤을 때 바로 일을 해결하기가 어렵다.

어떤 전문가도 이 주제와 관련해 던져야 하는 질문을 전부 알지 못하고 또 모든 개인의 상황에 맞는 정답이 뭔지도 모르지만 이 장에서 제공하는 정보를 잘 활용하면 여러분은 확실히 앞서 나갈 수 있다.

사랑하는 아내가 3년간 투병하는 동안 여러 가지 경험을 했고 지금은 이런 일을 실제로 겪은 사람들과 함께 양로원에 살고 있기 때문에 관련 이런 정보를 제공하기가 훨씬 수월하다. 그리고 이건 가상의 이론이 아니라 실제 사실을 바탕으로 한다.

이 과정에서 외부 변호사나 노인 케어 전문가의 도움을 받는 게 좋은데, 그들은 해당 분야에서 전문적인 훈련을 받았을 뿐만 아니라 삶·노화·죽음의 과정을 실제로 거친 개인과 가족을 상대하면서 세부적인 실무 경험을 많이 쌓았기 때문에 이런 일에 꼭 필요하다.

법률, 보험 또는 재무 계획 자격증을 보유하고 있는 것만으로는 여러분이 최고의 답을 얻을 수 있다고 보장할 수 없다_{난 모든 직}업에 최고의 존경심을 품고 있다는 사실을 알아주기 바란다.

마지막으로, 여기서 논의한 모든 결정과 정보를 문서화해서 사본을 만들고 계획 실행에 관련된 모든 사람이 찾기 쉬운 파일 시스템이나 컴퓨터에 저장해둔다.

78세 남자가 몸이 안 좋아서 의사를 찾아갔다. 의사는 정자

수를 측정해야 한다면서 남자에게 병을 주며 여기에 정액을 담아 내일 가져오라고 했다.

다음 날 아침, 남자가 의사에게 건넨 병은 텅 비어있었다. 의사가 어떻게 된 일이냐고 묻자, 그는 끔찍한 시간을 보냈지만 결국 아무것도 할 수 없었다고 말했다.

그는 오른손과 왼손을 다 동원해서 해봤다고 했다. 아내에게 도움을 청했더니 그녀도 왼손과 오른손, 입까지 다 동원했지만 아무 소용이 없었다. 그들은 옆집에 사는 숙녀를 불렀다. 의사가 "뭘 했다고요?"라고 묻자, 남자는 옆집 숙녀도 왼손과 오른손을 다 써봤지만 결국 병뚜껑을 열지 못했다고 말했다.

이 책의 다른 장에서는 우리가 인생 초반부터 준비해야 하는 것들에 대한 정보와 다양한 제안을 찾아볼 수 있다.

다음은 그날을 대비해 최대한 대책을 마련해놓고 필요한 일들을 하기 위해 미리 던져봐야 하는 질문과 여러 가지 사안을 정리한 목록이다.

사랑하는 이의 간병을 주로 책임질 사람은 환자가 드러내는 바람직하지 않은 바람을 받아들이지 않을 각오가 되어있어야 하고 강해져야 한다. 예를 들어, 사랑하는 이가 집에서 혼자 살고 싶다고 할 수도 있지만, 그러한 바람을 들어줬다가는 비참한 결과를 가져올 수 있다.

집과 개인적인 문제

① 치료받으러 다니는 의사들과 그들과의 관계를 정리한 목록을 가지고 있는가?

② 가입한 보험 목록, 보험사 연락 방법, 보험금 지급 방법 등을 알고 있는가?

③ 집을 전체적으로 꼼꼼히 살펴보고, 필요한 안전 조건이 확실히 충족되어 있는지 확인했는가?

④ 주택 유지 관리에 문제가 생길 경우배관, 전기, 정원, 난방 등 관련 서비스를 제공하는 업체는 어디인가?

⑤ 넘어지거나 도움이 필요해질 경우에 대비해 가정 경보 시스템을 갖추고 있으며, 어떻게 작동시키는지 아는가?

⑥ 이웃의 도움이 필요한 경우, 당신과 가까운 이웃은 누구이고 우리는 그들에게 어떻게 연락해야 하는가?

⑦ 돈과 보석, 기타 귀중품을 집 안 어디에 보관하는가?

⑧ ⑦번에서 언급한 품목들은 어느 회사의 보험에 가입되어있고, 보험사에는 어떻게 연락해야 하는가?

⑨ 운전을 하는 경우 자동차 키는 어디에 보관하고, 어떤 보험

에 가입되어있으며, 보험사에는 어떻게 연락하는가?

⑩ 임대 또는 리스한 차량인 경우, 이런 문제들과 관련해 누구에게 연락해야 하는가?

⑪ 신용 대출 빚이 있는지, 있다면 채권자들에게 어떻게 연락해야 하고 그들과 관련된 신용카드와 서류는 어디 있는가?

⑫ 누가 주요 간병인 역할을 하고, 그들이 당신을 대신해서 결정할 권한이 있다는 것을 어떻게 증명하는가?

'내가 왜 이런 질문들에 답을 해야 하는가? 나는 아직 젊고 내가 사랑하는 이들도 겨우 중년일 뿐이다. 그러니 아직 시간은 충분하다'고 생각할 것이다.

하지만 안타깝게도 좋지 못한 일들은 중년층뿐만 아니라 젊은이들에게도 일어난다. 그리고 앞서 했던 얘기를 다시 반복하자면, 최근의 주요 연구를 통해 알츠하이머병 같은 노인성 질환의 25퍼센트 이상이 50세 전후에 시작된다는 사실이 확인되었다.

나도 너무 뒤늦게야 알게 된 사실이지만, 본인이나 사랑하는 이들이 중병에 걸려 많이 시달린 상태에서 이런 질문에 답하는 건 너무 힘든 일이다.

보험 및 간병인 관련 질문

간병인과 관련해서는 이 주제에 영향을 미치는 부가적인 문제들이 많이 있다. 그걸 하나하나 살펴보도록 하자.

① 어떤 건강보험, 장애보험, 장기보험, 의약품보험에 가입되어 있는가?

② 메디케어에 가입되어있는가? 메디케어가 보장하지 않는 부분을 보장해주는 의료보험에 추가로 가입했는가?

③ 신용카드와 기타 금융 자산은 신용 보호 프로그램의 보호를 받고 있는가?

④ 가입한 보험이 자택 간병 프로그램도 보장하는가?

⑤ 현재 가입한 모든 보험과 관련된 연락처들을 목록으로 정리해뒀는가?

⑥ 당신이 보험 급여의 주요 수혜자고 다른 가족들도 보험 급여 대상인 경우, 당신이 사망한 뒤에는 보험 급여 혜택이 어떻게 되는가?

⑦ 관련 보험금이 지급되기까지 얼마나 기다려야 하는가?

⑧ 당신의 건강 상태가 위험해질 경우, 의사가 누구에게 연락해야 하는지 알고 있는가?

⑨ 어떤 약을 복용 중인가?

⑩ 당신을 치료하는 의사들은 당신의 다양한 건강 문제를 돌

보는 다른 의사들에 대해서 알고 있는가?

인생 여정을 마무리하기 위한 준비와 관련된 문제의 심각성을 고려하면, 이런 문제를 미리 검토하고 처리하지 않을 경우 나중에 얼마나 난처해질지 뻔하다.

재정

이제 지금까지 논의한 모든 문제에 영향을 미치는 가장 어렵고 복잡한 질문으로 넘어가야 한다. 건강 상태가 위기를 겪는 동안 우리에게 필요한 모든 비용을 어떻게 지불할 것인가?

① 도움을 받는 회계사나 재무 설계사나 조언자가 있는가?

② 쓸 수 있는 돈이 얼마나 있는가?

③ 총수입은 얼마인가?

④ 수입을 창출할 수 있는 자원은 어떤 것들이 있는가?

⑤ 그 자원은 공동 소유인가, 개인 소유인가?

⑥ 메디케이드* 수혜를 받기 위해 주 당국이 요구하는 조건은 무엇인가?

---

*Medicaid, 65세 미만의 저소득층과 장애인을 위한 미국의 국민의료 보조제도.

⑦ 병에 걸린 배우자가 정상적인 생활을 못 하게 될 경우, 법률 문서에 대신 서명해도 되는가?

⑧ 재무 기록은 어디에 보관하는가?

⑨ 안전 금고를 가지고 있는가?

⑩ 컴퓨터에 재무 기록을 보관하는 경우, 프로그램은 무엇을 사용하고 암호는 무엇인가?

⑪ 재정 문제와 관련된 결정 전체 혹은 일부에 대한 항구적 위임장이 있는가?

⑫ 세금 납부 상황은 어떤가?

⑬ 유언장이나 신탁 약정이 있는가? 있다면 어디에 있는가?

⑭ 무엇에 투자를 했고, 관련 기록은 어디에 있는가?

⑮ 만약 당신이 사업을 한다면, 당신이 손을 뗀 뒤 사업체의 미래를 위해 어떤 계획을 세워뒀는가?

⑯ 마지막으로, 사망한 뒤에 해결해야 하는 개인적인 바람이 여러 가지 있을 수 있다. 예를 들어,

- 어디에 묻히길 바라는가? 묘지를 사두고 다른 계획도 세워뒀는가?

- 화장을 원할 경우, 계획을 마련해뒀는가?

- 보석, 가구, 기타 귀중품 분배와 관련해 어떤 결정을 내렸는가?

- 나도 안나의 장례를 치르는 과정에서 알게 된 건데, 본
  인의 장례식과 관련해 특별히 바라는 점이 있는가_{관 메는}
  _{사람 등}?

가을이다. 밖은 아직 아니지만
내 안에는 쌀쌀함이 맺혔다.
사방에 젊음과 봄이 나부끼건만
나만 홀로 나이 들었다.

_헨리 워즈워스 롱펠로우, '마음속의 가을'

물론 개별적인 사례에서 발생하는 다른 문제도 많겠지만, 여기
나열된 것들만 잘 준비해도 앞으로 먼 길을 가는 동안 생기는
일들을 원활하게 처리할 수 있을 것이다.

이 과정을 거치는 동안 여러분에게 도움을 주리라고 기대했던
사람들이 오히려 방해물이 되는 것만큼 좌절감을 안겨주는 일도
없다.

대리인, 관리자, 핵심 직원, 고객 서비스 담당자 등_{이들도 모두 언젠}
_{가 여러분이 하는 것과 똑같은 질문을 하게 될 텐데}은 여러분이 고객이라는 사
실을 망각하고 마치 여러분 때문에 자기가 곤란을 겪는 것처럼
행동하는 일이 많다. 그들은 여러분을 도와줘야 하는 사람인데

말이다!

이건 본인의 역할을 잘 알고 여러분의 요구를 확실히 처리하려고 애쓰는 여러 훌륭한 사람을 모욕하려고 하는 말이 아니다.

또 여러 기관에 전화를 걸 때 '대기' 시간이 길어지면 1분 1초가 중요한 시기에 큰 피해를 입게 된다.

이런 일을 하는 걸 미리 잘 준비하고, 변화하는 요구에 맞춰 상황과 관련된 정보를 최신으로 유지하고 가족들과 이 과정에 관여하는 모든 이에게 꾸준히 알린다면 여러분의 계획을 쉽고, 원활하고, 시기적절하게 진행할 수 있다.

앞에 나열한 질문에는 여러분이 신뢰하는 전문가들만 다룰 수 있는 까다로운 의학적 질문은 포함되어있지 않다.

내 경험과 지난 1년간 얘기를 나눠본 많은 이의 경험을 바탕으로 얘기하자면, 계속 이 의사 저 의사 바꿔가면서 병원에 다니는 건 조심하라고 말하고 싶다. 신뢰할 수 있는 의료진을 신중하게 선택하고, 그들의 충고를 따르고, 그들의 권고를 바탕으로 결정을 내리자.

55세의 한 남성이 연례 건강 검진을 받으러 의사를 찾아갔다. 검사가 끝나자 그가 의사에게 말했다. "정관 절제 수술을 받을 예정인데 어떻게 생각하세요?"

의사가 약간 놀란 기색으로 물었다. "가족들과 얘기해보셨나요? 이건 매우 중요한 결정인데요."

그러자 남자가 대답했다. "그럼요. 거수 결과 16대 3으로 대부분 찬성하던 걸요."

사랑하는 사람을 잃었을 때, 그가 어떻게 살았는가를 기억하자

나는 절대 이루지 못할 많은 꿈을 꾸었다.

그리고 그 꿈이 새벽녘에 사라지는 걸 봤다.

하지만 내 꿈이 뭔지 충분히 깨달았다.

계속 살고 싶어지게 만들다니, 고마워라.

나는 대답이 돌아오지 않는 수많은 기도를 드렸다.

참을성을 가지고 오래 기다렸다.

하지만 꽤 많은 기도가 응답을 받았으니

계속 기도를 할 수밖에.

내게 실망을 안겨주고 혼자 울게 내버려둔 친구들을 믿었다.

하지만 개중에는 충실한 친구들도 많았기에

나는 계속 그들을 믿을 수밖에 없었지.

내가 뿌린 많은 씨앗은 도중에 엉뚱한 곳으로 날아가 새들의 먹이가 되었다.

하지만 내 손에 이렇게 많은 황금빛 곡식 다발이 들려있으니
나는 계속 씨를 뿌릴 수밖에.
실망과 고통의 잔을 비우고
오랜 날들을 노래도 없이 보냈지.
하지만 나는 생명의 장미에서 샘솟는 꿀을 충분히 마셨어.
계속 살고 싶어지게 하는 그 꿀을.

_익명

일찍부터 사랑하는 사람의 일에 관여하고, 인생이라는 멋진
모험에 뛰어들 방법을 의논하고, 사랑하는 이들과 공동체의 힘
을 빌려야만 제거할 수 있는 큰 장애물이 우리 앞길을 가로막을
수도 있다는 사실을 빨리 알아차릴수록 인생 여정이 더 행복해
진다.

"왜 당신은 이 책에서 '인생 여정'이라는 말을 그렇게 자주 반
복하는가?"라고 의아해하는 사람도 있을 것이다. 그 답은 인생은
실제로 여행길이며, 자신의 여정이 즐겁지 않기를 바라는 사람은
만나본 적이 없기 때문이다.

나는 이 책의 첫머리부터 노화 과정과 우리가 온전한 삶을 살
기 위해 반드시 알고 준비해야 하는 것들에 대해서 썼다.

물론 항상 순조롭기만 한 여행은 아니며 어떤 사건이 벌어질 때마다 좌절하거나 실망하는 경우도 많다. 하지만 에디슨도 실험에 성공해서 전 세계를 환하게 밝히기 전까지 수천 번의 실패를 겪었다는 걸 기억하자.

죽음은 곧 육체적 존재의 종말이라고 생각하더라도, 우리가 의미 있는 삶을 살면서 다른 사람들이 본인의 삶을 살도록 돕고 가족이나 친구와 돈독한 관계를 구축했다면, 비록 몸은 사라질지언정 우리 삶의 유산은 살면서 만난 이들의 마음속에 계속 남아있을 것이다.

"사람들은 죽어도 사랑은 살아남는다"는 시적 표현을 기억하자.

우리가 사랑하고 존경하는 이의 죽음을 지켜보는 게 아무리 힘들더라도 그걸 슬프게만 여기지 말고, 그들의 삶을 기리고 그들을 알고 지낸 기쁨을 축하할 기회로 생각해야 한다.

이 책을 쓰면서 가장 슬펐던 일은, 죽을 날이 가까운 이들 가운데 상당수가 우정을 가꾸는 일에 투자하지 않은 게 가장 후회된다고 말한 것이다. 뒤에 남겨진 사람들이 일상생활 속에서 여러분의 존재를 느낄 수 있다면 여러분의 여행은 계속 이어질 것이다.

이 여정을 나와 함께해줘서 고맙다. 세상의 위대한 여성들 중 한 명인 테레사 수녀의 말을 함께 나누자.

인생은 기회다. 기회를 활용하자.

인생은 아름답다. 그 아름다움을 찬미하자.

인생은 도전이다. 도전에 맞서자.

인생은 의무다. 자신의 의무를 다하자.

인생은 게임이다. 신나게 즐기자.

인생은 약속이다. 약속을 꼭 지키자.

인생은 슬픔이다. 그 슬픔을 이겨내자.

인생은 노래다. 즐겁게 부르자.

인생은 고난이다. 그 사실을 인정하자.

인생은 비극이다. 정면으로 맞서자.

인생은 모험이다. 용감하게 모험을 떠나자.

인생은 운이다. 자신의 운을 스스로 개척하자.

인생은 너무나도 소중한 것이다. 절대 파괴하지 말자.

인생은 생명이다. 생명을 지키기 위해 싸우자.

나는 처음부터 유머가 행복한 삶의 중요한 요소 중 하나라는 사실을 분명히 밝혔다. 다음에 소개하는 유머러스한 이야기에는 인생이 안겨주는 도전이 잘 요약되어있다. 고급 초콜릿 회사인 초콜릿 펌 쇼클라티크의 공동 소유주인 친구 조안 피베거 덕분에 이 얘기를 여러분에게 소개할 수 있게 되었다.

의사에게 운동을 좀 하라는 말을 들은 나이가 지긋한 페이라는 여성이 친구 마가렛에게 이렇게 말했다.

"그래서 일단 준비운동 삼아 몸을 이리저리 비틀거나 돌리고, 구부렸다가 일어나고, 무릎을 꿇고 팔을 흔들고, 위아래로 뛰기도 했어. 그렇게 준비운동을 마치고 운동복으로 갈아입었더니 벌써 운동 수업이 다 끝났더라고."

이런 게 인생이니 하루하루를 즐기자.

이 프로젝트를 시작할 때 내게는 세 가지 중요한 목표가 있었다.

① 죽은 아내 안나에 대한 멋진 추억을 기린다.

② 내 자식과 손주, 증손주 들에게 유산을 남긴다.

③ 지금껏 살면서 얻은 나만의 경험을 공유한다.

내가 미처 예상하지 못했던 건, 이 과정을 거치는 동안 내 모습을 찬찬히 살펴보면서 진정한 나를 발견하고 내가 내린 결정이 주변의 모든 이에게 영향을 미치고 그들도 내게 영향을 미친다는 사실을 알게 된 것이다.

나는 인생을 거꾸로 살거나 후회하면서 산 적이 없다. 결국 지나간 일은 어쩔 도리가 없다. 내가 할 수 있는 일은 내 인생의 다음 날이 지나간 날들보다 나아지도록 하는 것뿐이다.

최근에 친한 친구가 말하길, 내가 지난 1년 사이에 아내와 가까운 친구들을 잃어서 매우 힘들었을 텐데 자기도 그 심정이 이해된다고 했다.

그들이 몹시 그리운 건 사실이지만, 내가 사랑하고 내 인생에 큰 영향을 미친 이 훌륭한 사람들의 죽음을 슬퍼하는 동시에 그들이 내 삶에 끼친 긍정적인 영향을 살펴보는 것도 중요하다고 생각한다. 그들은 현실 세계에서 내가 더 나은 사람이 될 수 있도록 격려하고, 매일 더 좋은 하루를 만들 수 있게 해준다. 그러니 그들이 내 영혼 속에서 계속 살아가게 하는 것은 내 성장을 뒷받침하는 중요한 요소다.

나는 자신에 대한 확신이 생겼다. 내가 세상을 떠나면 다른 사람들은 내가 그들과 맺었던 관계에서 얻은 경험을 기준 삼아 날 판단할 테고, 내가 사랑했던 이들의 정신은 언제까지나 나와 함께 있으면서 앞날을 인도해줄 것임을 깨달았다.

85년간 살면서 점점 늘어난 내 부정적인 부분과 긍정적인 부분을 정리해본 결과, 죽음에 대비할 수 있게 해준 핵심적인 요소들을 여러분과 공유하고 싶다. 여기에는 몇 가지 중대한 단점이 있긴 하지만 그래도 내가 여행을 즐기는 데 큰 도움이 되었다. 아마 내가 공유하는 내용을 보면 독자 여러분도 이런 생각들을 본인의 여정에 어떤 도움이 될 수 있을지 곰곰이 생각하게 될 것이다.

① 평소 자주 만나는 주변 사람들이 여러분에게 어떻게 긍정적인 기분을 안겨주는지 잘 관찰하고 기억해서 그걸 자신의 일상생활에 반영한다.

② 기분을 상하게 하는 사람들을 용서하는 법을 배우자. "일시적으로" 화를 내는 건 괜찮지만 분노를 빨리 극복해야 한다. 불쾌감이 너무 심해서 그 사람과 인연을 끊고 싶다면 그것도 괜찮다. 그들을 여러분의 삶과 분리하고, 그들이 잘되길 빌어주면서 꿋꿋이 앞으로 나아가자. 다만 남은 평생 동안 계속 원한을 품어서는 안 된다.

③ 다른 사람의 말만 듣고 함부로 남을 판단하지 말자. 자신의 경험을 바탕으로 인간관계를 발전시켜야 한다.

④ 분노를 떨쳐버리자. 분노를 품고 있으면 자기만 다칠 뿐이다. 물론 화가 나서 마구 소리 지르고 싶은 때도 있다. 하지만 모든 문제는 결국 저절로 해결된다는 걸 기억하자. 그리고 계속 화를 내고 있으면 혈압만 높아지고 다른 사람들을 대할 때의 기분에도 영향을 미치게 된다.

⑤ 무슨 문제가 있든, 좋은 가족 관계를 유지하는 것이 모든 관계를 통틀어 가장 중요하다는 걸 기억하자. 머잖아 그것

은 우리가 행복하게 살 수 있을지 아닐지를 결정하는 중요한 요소가 될 것이다. 우리는 실제로 형제들을 지키는 자다. 노인들과 일하는 동안 날마다 이런 모습을 본다. 성성을 읽는 것보다 더 명확한 증거는 없다. 어떤 이야기를 읽어봐도 가족생활의 해체와 궁극적인 화해는 성서에 나오는 모든 가르침이 행복한 결말을 맞기 위한 기초다.

⑥ 사랑이라는 말의 의미와 그걸 다양한 수준으로 응용해서 실천하는 방법을 알아야 한다. 가족 구성원들 사이에 존재하는 사랑이 있다. 친구와 지인에게도 사랑을 표현한다. 동료들에 대한 사랑은 그들과 여러분 자신의 성공을 위해 전력을 다하는 태도에서 드러난다. 또 감정적으로 서로 연결된 두 사람 사이에 흐르는 부드러운 사랑도 있다.

마지막으로, 그들이 우리 삶에서 어떤 역할을 했든 간에 사랑하다가 헤어진 이들이 평생 기억하는 특별한 사랑이 있다. 내가 말한 각각의 시나리오에서 우리가 다른 사람들에 대한 사랑을 어떻게 표현하느냐가 관계의 성장에 중요하다. 때로는 자신의 감정을 표현하는 것만으로도 괜찮을 때가 있다. 때로는 따스한 포옹이 모든 것을 말해준다. 또 친구가 가족의 죽음이라는 비극을 겪고 있을 때 가장 바람직한 사랑의 표현은 조용히 옆에 있으면서 사랑과 지지를 보

여주는 것이다. 그리고 낭만적인 사랑의 경우에는 위의 모
든 것에 더하여 사랑하는 사람의 독립을 존중하고, 같은
방향에서 미래를 바라보며, 그들이 당신에게 어떤 존재인지
명확하게 알리는 메시지를 보내야 한다.

⑦ 내가 어릴 때 아버지는 내가 하는 일이나 관계에서 최고의
결과를 얻을 때까지 절대 포기하지 말라고 가르치셨다. 원
하는 걸 얻을 때까지 계속 인내하라고 가르치셨다. 이 교훈
은 지금 이 순간까지도 큰 도움이 되었다.

인생은 힘들고 좌절감을 안겨주지만, 처음부터 제대로 산다면
흥미롭고 보람찰 수도 있다. 나는 여전히 나만의 욕망과 목표를
가지고 있고, 끝까지 끈기 있게 버틴 덕분에 대부분의 꿈을 이룰
수 있었다.

한 친구가 다른 친구에게 말했다. '있지, 날 사랑하니?'
다른 친구는, '널 무척 사랑한다'고 대답했다.
첫 번째 친구가 '그럼 무엇이 날 아프게 하는지 아니?'라고
물었다.
다른 친구는 '무엇이 네게 고통을 주는지 내가 어떻게 알겠
어?'라고 대답했다.

첫 번째 친구가 말했다.

'내가 무엇 때문에 고통스러운지도 모르면서 어떻게 날 진정으로 사랑한다고 말할 수 있니?'

_모리스 맨델

우리가 살면서 결정을 내릴 때 가장 중요한 건 우리와 인생행로가 교차하는 다른 이들의 말과 행동을 고려하는 것이다.

우리는 선행과 고매한 인격에 대해 설교하는 지도자들을 우상화하지만, 높은 도덕성과 선한 행동에 대해서 얘기하는 그들이 정작 본인은 그와 반대되는 삶을 살고 있다는 걸 알게 되는 일이 얼마나 많은가?

나는 사는 동안 가끔씩 멈춰서 스스로에게, "이런 행동을 하는 건 나 자신의 신념을 저버리는 일 아닐까? 말과 행동이 판이하게 다르다니 어떻게 이럴 수 있을까?"라는 똑같은 질문을 던지곤 했다.

내가 알게 된 사실은, 나에게 고통을 주는 게 뭔지 모른다면 사랑하는 이들이 겪는 고통의 원인도 알 수 없다는 것이다. 우리는 아이들의 인격이 막 형성되는 시기에 아이들과 함께 이런 얘기를 나눌 필요가 있다. 그리고 우리가 날마다 취하는 행동, 우리가 내리는 모든 결정, 그리고 우리가 맺고 있는 각각의 관계에 대해 생각해야 한다.

내 인생이 나를 어디로 데려가든 나는 행복한 사람이다. 거울을 들여다보고, 판단 착오를 한탄하고, 자신의 선행을 칭찬하고, 내가 진정으로 사랑하고 존경하는 모든 이에게 나의 감정을 전달했기 때문이다.

내가 느꼈던 깊은 슬픔은 살면서 수많은 훌륭한 이를 알게 된 기쁨으로 바뀌었다.

나는 죽음이 언젠가 다가오리라는 건 알지만 굳이 기다리지는 않는다. 나는 다음과 같은 간단하고 지키기 쉬운 마음가짐을 품고 계속 앞으로 나아갈 것이다. 매일 다른 사람을 돕는 법을 배우자. 의무감이나 남들에게 잘 보이기 위해서가 아니라, 자기가 그걸 원하고 또 그것이 옳은 일이기 때문이다.

이 책의 시작 부분에서, 나는 내 감정을 확실하게 전달할 수 있는 다른 사람의 글이나 말을 발견하면 그걸 자주 인용한다고 말했다.

여러분이 읽은 내용은 대부분 내 마음 깊은 곳에서 우러난 것들이지만 인용한 글들 또한 내 개인적인 생각을 보여준다. 그리고 내 신념을 대변하는 글들의 출처를 밝히기 위해 최선의 노력을 다했다. 그리고 이 책의 막바지에 다다른 지금, 익명의 시인이 한 말이 떠오른다.

"그는 어떻게 죽었는가?"가 아니라 "그는 어떻게 살았는가?"

"그는 어디서 재산을 얻었는가?"가 아니라 "그는 무얼 나눠줬는가?"

이것이 가치를 측정하는 단위다.

출생 신분에 상관없이 한 인간으로 살아간 이의 가치를.

"그의 사회적 지위는 어떠했는가?"가 아니라 "그는 따뜻한 마음을 지니고 있었는가?"

그리고 신이 주신 역할을 어떻게 연기했는가? 그는 기운을 북돋는 말을 준비해 두었는가? 잃어버린 미소를 되찾고 눈물을 닦아주기 위해?

"그의 제단은 무엇으로 만들어졌는가?"가 아니라 "그의 신소는 무엇이었는가?"

그는 정말 도움이 필요한 사람들과 친구가 되었는가?

"신문에 실린 부고에 뭐라고 적혀 있었는가?"가 아니라 "그가 죽었을 때 얼마나 많은 이가 애석해했는가?"

자신의 삶을 돌아봤을 때 "나는 이 기준을 지키기 위해 최선을 다했다"고 말할 수 있다면, "맡은 임무를 잘 해냈다. 나는 행복한 길을 걸어왔다"는 말도 자신 있게 할 수 있다.

미국의 20대 대통령인 제임스 A. 가필드의 묘에는 다음과 같은 비문이 새겨져 있다.

인생의 경주를 잘하고
인생의 과업을 멋지게 완수하고
인생의 왕관을 훌륭하게 쓴 이가
이제 휴식을 취하고 있다

젊은이들이 자신을 역사상 가장 흥미로운 시대의 참여자로
여기면서 그와 관련된 목적의식을 품는 것이 중요하다.

_넬슨 록펠러

결론적으로, 여러분과 이런 생각을 나누고 싶다. 여러분이 지닌 가장 소중한 자산 중 하나는 바로 의식이다. 매일 아침 일어날 때 자기가 사는 세상의 아름다움이나 추구해야 하는 기회그 길에 어떤 장애물이 있더라도, 여러분의 참여를 기다리는 멋진 관계를 즐겁게 의식하지 못한다면 나이가 몇 살이든 상관없이 여러분은 이미 삶을 포기한 것이다. 인생행로를 여행할 때 이 사실을 절대 잊지 말자.

체크리스트와 기타 사항

이 책을 재미있게 읽으면서 내 말에 담긴 가치를 깨달았다면, 본 장에서 나온 질문들을 스캔해서 인쇄한 뒤 꼼꼼히 답을 적어 보관하기 바란다.

집과 개인적인 문제

① 치료받으러 다니는 의사들 및 그들과의 관계를 정리한 목록을 가지고 있는가?

② 가입한 보험 목록, 보험사 연락 방법, 보험금 지급 방법 등을 알고 있는가?

③ 집을 전체적으로 꼼꼼히 살펴보고, 필요한 안전 조치가 확실하게 마련되어있는지 확인했는가?

④ 주택 유지 관리에 문제가 생길 경우배관, 전기, 정원, 난방 등 관련 서비스를 제공하는 업체는 어디인가?

⑤ 넘어지거나 도움이 필요해질 경우에 대비해 가정 경보 시스템을 갖추고 있으며, 어떻게 작동시키는지 아는가?

⑥ 이웃의 도움이 필요한 경우, 당신과 가까운 이웃은 누구이고 우리는 그들에게 어떻게 연락해야 하는가?

⑦ 돈과 보석, 기타 귀중품을 집안 어디에 보관하는가?

⑧ 앞에서 언급한 품목들은 어느 회사의 보험에 가입되어있고, 보험사에는 어떻게 연락해야 하는가?

⑨ 운전을 하는 경우 자동차 키는 어디에 보관하고, 어떤 보험에 가입되어있으며, 보험사에는 어떻게 연락하는가?

⑩ 임대 또는 리스한 차량인 경우, 이런 문제들과 관련해 누구에게 연락해야 하는가?

⑪ 신용 대출 빚이 있는지, 있다면 채권자들에게 어떻게 연락해야 하고 그들과 관련된 신용카드와 서류는 어디 있는가?

⑫ 누가 당신의 주요 간병인 역할을 하고, 그들이 당신을 대신해서 결정할 수 있다는 것은 무엇으로 증명하는가?

보험 및 간병인 관련 질문

① 어떤 건강보험, 장애보험, 장기보험, 의약품보험에 가입되어 있는가?

② 메디케어에 가입되어있는가? 메디케어가 보장하지 않는 부분을 보장해주는 의료보험에 추가로 가입했는가?

③ 신용카드와 기타 금융 자산은 신용 보호 프로그램의 보호를 받고 있는가?

④ 가입한 보험이 자택 간병 프로그램도 보장하는가?

⑤ 현재 가입한 모든 보험과 관련된 연락처들을 목록으로 정리해뒀는가?

⑥ 당신이 보험 급여의 주요 수혜자고 다른 가족들도 보험 급여 대상인 경우, 당신이 사망한 뒤에는 보험 급여 혜택이 어떻게 되는가?

⑦ 관련 보험금이 지급되기까지 얼마나 기다려야 하는가?

⑧ 당신의 건강 상태가 위험해질 경우, 의사가 누구에게 연락해야 하는지 알고 있는가?

⑨ 어떤 약을 복용 중인가?

⑩ 당신을 치료하는 의사들은 당신의 다양한 건강 문제를 돌보는 다른 의사들에 대해서 알고 있는가?

용어집과 몇 가지 정의

① 케어 관리자 또는 케이스 관리자

개인이나 그 가족이 관련 문제를 직접 처리하지 못하는 경우, 그들을 대신해서 적절한 복지·의료 서비스를 계획하고 찾아내고 모니터링할 수 있도록 교육받은 전문가. 잘 훈련된 케어 관리자는 적절한 정보 제공을 위해 매우 중요하다.

이들은 대부분의 문제에 조언을 해주면서 개인과 그 가족이 적절한 시기에 올바른 결정을 내리도록 돕는다.

② 노인 케어 관리자

노인의 능력 평가를 전문으로 하며 주거, 의료, 복지 및 기타 요구를 해결하기 위한 케어 계획을 세우는 데 도움을 줄 수 있는 케이스 관리자 또는 케어 관리자.

③ 노인병 전문의

노인들을 치료하는 의학 전문가. 대부분 고급 과정을 수련하고 인증을 받은 내과 또는 가정의학과 의사들이다.

④ 간병인

앞에서 설명한 다양한 노화 문제 때문에 혼자 힘으로 살아갈 수 없는 이들을 돌봐주는 사람이다. 친구나 가족, 또는 돈을 주고 고용한 사람이 될 수 있다. 이들이 제공하는 보살핌은 주로 옷 입기나 목욕처럼 개인적인 필요 영역에 속한다. 이런 간병인들은 대부분 면허가 없다는 사실을 명심해야 한다.

⑤ 공인 간호조무사CNA

정식 간호사나 치료사의 감독 하에 일반적인 간호 서비스를 제공하도록 교육 및 인증을 받은 사람. 목욕과 식사, 특정 유형의 운동 등 간호 케어의 모든 부분을 지원할 수 있다.

⑥ 가정 방문 요양사ʜʜA

환자가 안전하고 친숙한 환경에서 최대한 독립적으로 생활
할 수 있도록 돕기 위해 목욕, 드레싱, 몸치장, 요리, 식사,
간단한 집안일 등을 도와주는 훈련을 받은 전문가.

⑦ 가정 간병 기관

여기서 얘기한 여러 가지 서비스를 제공하는 의료 전문가
들을 찾아 환자의 집에 파견하거나 관리하는 서비스 기관.
여기에는 간호, 물리치료, 개인 간병 등이 포함되지만 이에
국한되지 않는다.

탄생과 죽음 사이의 시간을
기쁨과 행복으로 채우자

지나가야 하는 문이 얼마나 비좁든, 얼마나 가혹한 벌이 기
다리고 있든, 그런 것은 중요하지 않다,
나는 내 인생의 주인이며 또한 내 영혼의 선장이다.

_윌리엄 어니스트 헨리

인생은 최선을 다해 즐겁게 살아야 한다. 물론 때로는 우리 앞
길에 장애물이 놓여있기도 하겠지만 항상 낙관적인 태도를 잃지
말고, 그런 장애물이 존재하는 건 우리가 차이를 느끼도록 하기
위해서라는 걸 알아야 한다.

이 페이지에 소개한 인용구가 나오는 랍비 스타인바흐의 책
《우리는 폭풍우를 겪으며 성장한다Through Storms We Grow》를 보면,
그는 "인간이 지닌 가장 귀중한 것은 무엇인가?"라는 매우 흥미

로운 질문을 던진다. 그리고 그건 바로 "인생"이라고 말한다.

그리고 "모든 사람은 어떤 삶을 갈망하는가?"라는 질문에 대부분 "완벽한 삶"을 원한다는 답이 나올 것이라고 말한다.

그렇다면 완벽한 인생을 구성하는 요소들은 무엇인가? 랍비 스타인바흐가 제시하는 네 가지 요소는 성서에 등장하는 아브라함과 이삭의 이야기에서 파생된 것이다.

① 음악, 시, 예술

② 미래에 대한 비전과 고상한 이상주의

③ 문화와 교육

④ 희망

부모님과 교육 시스템, 그리고 인류 전체가 일찍부터 인생 여정에 관한 얘기를 들려주기 시작해서 모두가 삶이 끝날 무렵에 "난 정말 행복하게 살았다"고 말할 수 있다면 얼마나 좋을까?

이런 중요한 것들 가운데서도 특히 중요한 건 희망이다. 삶과 죽음이 전체 과정의 일부라는 사실을 기꺼이 받아들이지 않는다면, 살면서 얻을 수 있는 진정한 기쁨을 결코 누리지 못할 것이다.

내 개인적인 경험과 이 책을 쓰기 위해 여러 가지 조사를 하면서 알아낸 더없이 명백한 사실이 세 가지 있는데, 여러분도 현명하게 고려해봐야 한다.

① 인생 여정을 계획하는 건 아무리 빨리 시작해도 괜찮다.

② 아무리 나이가 들었더라도 끝까지 열심히 살아야 한다.

③ 신체적 장애는 성공에 방해되지 않는다.

내가 말하려는 요점은, 나이나 신체적 정신적 상태와 상관없이 여전히 사회에 많은 기여를 할 수 있는 재능 있고 지식이 풍부한 사람들이 지레 삶을 포기하거나 자신의 집, 시설, 보호 센터 등에서 죽을 날만 기다리는 경우가 많다는 것이다.

삶의 각 단계마다 성취하고 싶은 목표를 현실적으로 정해놓지 않는다면 실패할 수도 있다. 하지만 신중하게 계획을 세우고, 성실하게 노력하고, 자신의 계획을 계속 재검토하면서 수정한다면 성공할 가능성이 매우 크다.

우리가 실패하는 것은 노력을 멈출 때뿐이다. 나이와 질병이 방해할 수도 있지만 우리를 완전히 가로막지는 못할 것이다. 난 2012년에 다리 수술을 받은 이후로 심한 통증이 계속되고 있고 어떤 약으로도 이 통증을 완화시킬 수 없지만, 이것 때문에 목표 달성이나 행복한 삶을 살아가는 걸 중단하지는 않는다.

월드시리즈 결승전에서 어떤 남자가 홈팀 선수 대기석 뒤에 앉아 있었다. 그는 자기 옆자리가 비어있는 걸 보고는, 건너편 좌석에 앉은 사람에게 혹시 자리 주인이 있느냐고 물었다. 그 사람은 여긴 자기가 산 좌석이고 원래 아내와 함께 경기를 관람하려고 했는데 아내가 죽었다고 말했다. 질문한 사람은 애도의 뜻을 표하면서 다른 친구나 친척과 함께 오지 그랬느냐고 말했다. 그러자 남자가 대답했다. "다들 장례식에 가 있어서요."

인생 여정이나 그 여정의 마지막을 준비하는 일과 관련된 문제의 심각성을 생각하면, 평소부터 그런 문제들을 계속 검토하면서 처리해두지 않을 경우 나중에 얼마나 부담스러워질지 충분히 짐작이 간다.

다시 한번 말하지만, 부디 내가 여러분 마음속에 작은 차이라도 만들었길 바랄 뿐이다. 여러분의 필요에 따라 이 목록을 사용하거나 추가하기 바란다.

다시금 감사 인사를 전한다.

친구와 아침을 먹던 중에 부드러운 음악 소리가 들려오자 갑자기 두 사람이 춤추는 모습이 떠올랐다. 이제 내게서 멀리 떠나간 아름다운 아내의 모습이 보였고, 우리가 30년 동안 서로의 삶 속에서 함께할 수 있었던 게 얼마나 행운이었는지 깨닫자 미소가 피어오르기 시작했다. 그래서 이른 아침 식사 자리를 일찍 파하고 집으로 돌아가서 다음과 같은 글을 썼다.

댄스파티의 추억

오케스트라가 부드러운 선율을 연주하고 있었다. 어둠침침한 방안의 불빛이 낭만적인 분위기를 자아냈고 나는 그 남자가 너무나도 사랑스러운 몸짓으로 여자를 감싸 안은 모습을 보았다.

여자의 팔도 남자의 몸을 부드럽게 감싸고 있었다. 그들은 끝없이 계속 춤을 추면서 사랑이 가득 담긴 눈으로 서로를 바라보았다.

그 모습을 보기만 해도 둘 사이에 오가는 명확한 메시지를 읽을 수 있었다.

우리 모두의 마음속에는 천국에서부터 뿌리내린 부드러움이 존재한다.

거기에 서서 두 사람의 모습을 바라보는 동안 내 눈에 눈물이 가득 맺혔다. 안나와 내가 서로의 품에 안겨 밤새도록 춤추던 그 많은 밤이 떠올라서….

우리는 미래에 찾아올 일들에 대해서는 생각하지 않았다.

두 사람이 마치 하나처럼 느껴지는 사랑과 열정으로 가득 차 있었다.

그토록 충만한 삶을 사는 기쁨과 우리가 상대방과 함께 꾸는 이 꿈이 영원히 계속되길 바랐다.

방안을 우아하게 미끄러지듯 춤추는 동안 우리 마음속에 흐르는 음악의 따뜻한 리듬이 몸속에도 스며들었다.

천천히 몸을 돌려 그 방에서 걸어 나오며 눈에 맺힌 눈물을 닦아냈다.

독자들에게 전하는 특별한 메시지

책 첫머리에서, 이 책은 사랑하는 안나에게 바치는 헌사인 동시에 세상에 태어난 사람은 모두 죽는다는 사실을 깨닫기 위한 책이라고 말했다. 끝이 다가오면 "나는 열심히 살고 사랑하면서 멋진 여행을 즐겼다"고 진심으로 말할 수 있도록 충실하게 하루하루를 살면서 그날을 준비해야 한다.

이 책에서는 내가 살면서 만난 이들, 그 삶의 여정에 관여했던 이들의 이야기와 그들이 노화에도 불구하고 자신과 다른 사람들에게 어떻게 행복을 가져다줬는지에 대해 얘기했다.

이들 가운데 몇 명은 책이 출간되기 전에 세상을 떠났다. 슬픈 일이지만 그래도 그들 모두 끝까지 자기 삶을 즐겼다고 확실하게 말할 수 있다. 우리도 이 세상을 더 좋은 곳으로 만들고 떠나겠다는 목표를 이루도록 노력해야 한다.

우리가 다시 만날 때까지, 다음과 같은 진심 어린 메시지를 남기고 싶다. 날마다 아는 사람들과 애정을 나누면서 살기를. 내

가 쓴 아래의 시에 묘사된 것과 같은 아름다운 인생을 즐기길
바란다.

만개하는 장미 덤불

85세의 남자가 자기보다 약간 젊은 아름다운 여자와 손을 잡
고 있는 걸 본 열여섯 살의 나는 "어떻게 저런 일이 가능하지?"
라고 생각했다.

하지만 이제 85세가 된 나는 열여섯 살 때 궁금해하던 문제의
답을 마침내 깨달았다.

사랑은 장미 덤불 씨앗과도 같다. 그걸 에덴동산에 심고 물과
양분을 공급하고 햇볕과 달빛을 듬뿍 쬐어주면 곧 그 풍부한 향
기를 맡으며 하늘에서 내려오는 사랑을 느낄 수 있다.

감사합니다

라이프라인 컴패니언 서비스라는 훌륭한 회사에서 우리 부부의 절친한 친구이자 안나의 간병인이기도 했던 미미 듀카를 우리 집에 파견해줬다. 안나가 죽고 몇 달 뒤, 미미와 점심을 먹으면서 아내가 처음 진단을 받던 날부터 마지막 순간까지 우리가 겪은 온갖 문제들에 대해 얘기했다. 그리고 우리는 다른 이들이 이런 불가피한 상황에 맞닥뜨렸을 때 좀 더 준비를 잘 갖출 수 있도록 도움이 될 만한 책을 쓰면 어떻겠느냐는 아이디어를 떠올렸다.

미미는 여러분이 지금 읽고 있는 이 글을 정리하고 자료를 조사하는 일을 계속 도와주었다. 전문 간병인인 그녀의 날카로운 통찰력이 내게 더없이 유용했다.

레저 케어 경영자인 해럴드 버뮤데즈은퇴자와 노인을 위한 생활 보조 시설 운영자로 유명하고 존경받는와 그의 훌륭한 직원들의 도움에도 정말 감사한다. 그들의 도움이 없었다면 임종을 앞둔 사람이나 나이가 많은 노인의 경험과 관련된 수많은 정보에 쉽게 접근할 수 없었을 것이다.

내 오랜 친구이자 집필 전문가인 조엘 아이젠버그는 글을 계속 쓰도록 다그치고 독려해줬고, 내가 큰 그림을 그리면서 일을 진행하고 있는지 확인하려고 출판 담당자인 마이클 코넌트, 편집자 테일러 바실리오 등과 함께 계속 내 어깨 너머로 작업 상황을 지켜봤다. 조엘, 마이클, 테일러도 내가 쓴 글을 의미가 통하게 정리하느라 많은 시간을 쏟았다. 그들의 직감이 옳았으면 좋겠다!

나에게 있어 가족은 운명을 완곡하게 표현한 말이다. 그 점에서 나는 매우 부유한 사람이다. 두 아들 론과 릭, 며느리 유디와 레슬리, 딸 로리, 다섯 명의 손자와 네 명의 증손자들, 그리고 의붓아들 데이비드에게 감사한다. 그들은 항상 더 잘하고자 하는 내 노력을 지지해줬다. 그리고 내가 도중에 잘못된 판단을 내렸을 때는 용서해주기도 했다.

나는 아이들이 자라는 모습을 보며 영감을 얻었고, 그들이 자기 아이를 배려심 있고 성공적인 사람으로 키우는 모습을 보면서 더 큰 기쁨을 누렸다. 줄리와 그 남편 벤, 레베카, 앨리슨, 라이언, 제니퍼와 그 남편 스콧, 다들 사랑한다.

이 책을 쓰는 동안 론 박사와 도린 레버, 고든 프리먼 박사, 조이스 골드만, 일레인 버크, 미셸 긴스버그와 마이클 긴스버그, 존 매튜 박사 같은 헌신적인 친구들이 내게 쏟아준 도움과 지지, 멋진 사랑에 깊이 감사하지 않는다면 배은망덕한 사람이 될 것이다. 그리고 75년 넘게 우정을 나눠온 프레드 번스타인 박사와 샌디 번스타인은 누네 크라지안, 루스 골드만, 셔먼 루트와 함께 내 앞길에 놓인 수많은 장애물을 극복하는 데 필요한 힘을 주었다. 그들에게 내 깊고 변치 않는 사랑을 전한다.

그리고 마지막으로휴! 내 증손자 노아, 애디슨, 트립, 캐롤라인 2013년 12월에 페이스북을 통해 공식 데뷔한 미래의 스타, 너희는 맛있는 케이크에 올린 생크림처럼 내 인생을 더 빛나게 해주었단다.

사랑한다. 안나도 너희를 사랑했어. 정말 좋은 인생이었지. 지금까지는….

그리고 마지막으로, 2014년 12월에 세상을 떠나기 전까지 나의 멘토이자 친구, 영감의 원천이 되어준 한 남자에게 경의를 표하고 싶다. 여러분도 이 책을 읽으면서 그의 가르침을 배울 기회를 갖게 될 것이다. 랍비 해럴드 슐바이스는 죽은 뒤에도 여전히 살아있다. 그는 전설이다. 그러므로 나는 그가 안나와 내 삶에 만들어준 변화에 사후에라도 감사할 필요가 있다.

전설에게 바칩니다

2012년 9월 30일 월요일, 내 소중한 친구이자 멘토인 랍비 해럴드 슐바이스가 전화를 걸었다. 그는 다음 안식일에 캘리포니아 엔시노에 있는 밸리 베스 샬롬 회당에서 열리는 샤밧 예배에 참석하지 않을 것이라고 말했다.

내가 이유를 묻자, 그는 그날 우리 집에 와서 안나와 함께 시간을 보내겠다고 말했다. 그도 오랫동안 병을 앓아서 쇠약해진 탓에 운전을 할 수 없었기 때문에, 안식일에 데리러 와 달라고 부탁했고 나는 그렇게 했다. 그와 안나는 손을 잡고 몇 시간 동안 둘이서만 시간을 보냈다. 그리고 안나는 일주일 뒤 세상을 떠났다.

이 책의 최종안을 완성한 2014년 10월 18일 아침, 랍비가 그날 새벽에 세상을 떠났다는 이메일을 받은 것은 참으로 아이러니한 일이다.

이 위대한 랍비 겸 작가, 그리고 인도주의자가 내 인생에 미친 엄청난 영향력을 인정하지 않는다면 그의 영혼에 충실하지 못한 행동일 것이다. 그는 이 글은 물론이고 모든 종교와 믿음을 가진 이들에게도 각별한 도움을 줬다.

이 책을 읽고 내용 구성을 도와줬을 뿐만 아니라 내가 쓴 여러 가지 개념에 대해 조언도 해줬다. 무엇보다도 그와 그의 아름다운 아내 말카는 거의 32년 동안 안나와 내 친구였다.

나는 로스앤젤레스로 돌아온 1983년에 그를 처음 만났다. 힘든 이혼을 겪고 안나와 만나기 직전이었다. 나는 회당에 가입하고 내 인생 목표에 관한 그의 충고를 들으려고 그와 나란히 앉았다. 그는 내게 당신은 좋은 사람이냐고 물었다.

나는 살면서 실수를 좀 하기는 했지만 그래도 꽤 괜찮은 사람이라고 생각한다고 말했다. 그는 나를 쳐다보면서 매일 아침 일어나면 거울 앞에 서서 나 자신에게 박수를 보내라고 했다. 나는 그 이후 날마다 그렇게 하고 있다.

랍비 해럴드 슐바이스는 위대한 학자이자 교사로 오랫동안 기억될 것이다. 그가 모든 종교인에게 한 수많은 공헌 중 하나는, 제2차 세계대전 때 유대인들의 생명을 구하는 데 기여한 비유대인들에게 경의를 표하기 위해 '의로운 기독교도Righteous Christians'

단체를 설립한 것이다.

그의 정신은 모든 인류의 마음속에 살아있다. 어떤 말로도 그에게 느끼는 내 감사의 마음을 적절히 표현할 수 없다.